녹색 민주주의 혁명을 향하여

-좌파 포퓰리즘과 정동의 힘

TOWARDS A GREEN DEMOCRATIC REVOLUTION

TOWARDS A GREEN DEMOCRATIC REVOLUTION

녹색 민주주의 혁명을 향하여

-좌파 포퓰리즘과 정동의 힘

TOWARDS A GREEN DEMOCRATIC REVOLUTION

샹탈 무페 지음

이승원 옮김

문학세계사

정동은 오직 이것과 반대되고, 또 이 정동을 통제할 더 강력한 힘을 가진 다른 정동에 의해서만 통제되거나 제거될 수 있다.

- 스피노자, 『윤리학*Ethics*』, Ⅳ. 7

인간은… 이성에 의해서라기보다는 정념에 의해서 더 이끌리기 때문에, 다중은 이성이 유도해서가 아니라, 어떤 공통 정동을 통해서 마치 하나의 정신에 의해 안내받는 것처럼 자연스럽게 하나가 되어 나갈 것이다.

-스피노자, 『정치론*Political Treatise*』, Ⅵ. 1

차례

1
신자유주의의 신권위주의

『헤게모니와 사회주의 전략Hegemony and Socialist Strategy』
에서 구체화된 담론 헤게모니적 접근과 『포퓰리즘 이성에
대하여On Populist Reason』에서 포퓰리즘에 대한 에르네스토
라클라우Ernesto Laclau의 분석에 기대면서, 나는 『좌파 포퓰
리즘을 위하여For a Left Populism』에서 2008년 위기 이후 몇 년
동안 서유럽의 국면들을 살펴보았는데, 이 국면을 나는 '포
퓰리즘 계기populist moment'라고 불렀다.[1] 나는 이것이 30년

1. Chantal Mouffe, *For a Left Populism* (London: Verso, 2018).
   샹탈 무페, 『좌파 포퓰리즘을 위하여』 이승원 역 (문학세계사, 2019).
   Ernesto Laclau and Chantal Mouffe, *Hegemony and Socialist Strategy:
   Towards a Radical Democratic Politics* (London: Verso, 1985).
   에르네스토 라클라우, 샹탈 무페, 『헤게모니와 사회주의 전략: 급진 민주주의 정
   치를 향하여』 이승원 역 (후마니타스, 2012).
   Ernesto Laclau, *On Populist Reason* (London: Verso, 2005).

간의 신자유주의 헤게모니의 결과로 발생한 정치적이고 경제적인 대전환들에 대한 다변화된 형태의 저항을 표현한 것임을 보여주었다. 이 대전환들은 평등과 대중 주권popular sovereignty이라는 민주주의 이상의 두 축이 침식되고 있음을 알리는 '포스트 민주주의post-democracy'라 불리는 상황으로 이어졌다.

정치 무대에서, 이러한 전개는 내가 『정치적인 것에 대하여On the Political』에서 '탈정치post-politics'라고 부르기를 제안했던 것에 의해 특징지어진다.[2] 이 용어는 신자유주의 지구화에 대한 어떤 대안도 없다는 생각에 대한 중도 우파와 중도 좌파 정당 사이 확립된 합의를 의미한다. 지구화에 부과된 '근대화'라는 명분 아래 사회민주주의 정당들은 금융 자본주의의 교리, 그리고 이 교리가 재분배 정책 분야에서 국가에 부과한 한계를 받아들였다. 정치는 전문가를 위해 예비된 영역인 기성 질서를 관리하는 단순한 기술적 쟁점이 되었다. 선거는 더 이상 '정부'라는 전통적 당사자들을 통해 진정한 대안을 결정할 기회를 제공하지 않는다. 탈정치가 유일하게 허용하는 것은 중도 우파와 중도 좌파 정당 사이

2. Chantal Mouffe, *On the Political* (Abingdon: Routledge, 2005).

양당 간 권력 교체뿐이다. 따라서 민주주의 이상의 근본적인 축 중 하나인 대중 권력은 약화되었다. 대중 주권은 더 이상 쓸모없는 것으로 선언되었고, 민주주의는 자유주의적 구성요소로 축소되었다.

정치적 수준에서 이러한 변화는 금융 자본이 중심을 차지하는 새로운 자본주의적 규제 맥락에서 일어났다. 경제 금융화는 생산적인 경제를 줄여가면서 금융 부분을 크게 확장했다. 2008년 위기 이후 부과된 긴축 정책의 결과로 우리는 유럽, 특히 남부 유럽에서 불평등이 기하급수적으로 증가했다는 것을 목격했다. 이 불평등은 더 이상 노동 계급에만 영향을 미친 것이 아니라, 중산층의 상당한 부분에도 영향을 미쳤으며, 이 중산층은 빈곤화와 불안정화precarization의 과정에 이미 진입했다. 이것은 자유 민주주의 주요 담론에서도 제거되어버린 평등의 옹호라는 민주적 이상의 또 다른 축을 붕괴시키는 데 기여했다. 신자유주의 헤게모니의 결과는 사회경제적이면서도 정치적인 진정한 과두제 정권의 수립이었다. 이 포스트 민주주의적 '중도 합의'에 반대하는 모든 이들은 극단주의자로 묘사되고 포퓰리스트로 비난받는다.

이 책의 중심 주장 중 하나는 '포퓰리즘 계기'가 바로 포스트 민주주의 맥락에서 이해될 수 있다는 것이다. 그 역학을 이해하기 위해, '대중'이 사회학적 범주가 아니라, 정치학적 범주 또는 경험적 지시 대상으로 구성되는 반본질주의적 접근을 도입할 필요가 있다. 포퓰리즘 전략의 특징인 대중 대 기득권의 대립은 매우 다른 방식으로 구성될 수 있다. 몇몇 유럽 국가에서, 기득권 체제에 반대하는 요구들은 포스트 민주주의에 대한 거부를 권위주의적 방식으로 접합하고 있는 우익 포퓰리스트 정당들에 의해 포획되어왔다. 이 운동들은 이민자를 민족적 동일성identity과 번영에 대한 위협으로 간주하면서, 이들을 배제하는 배타적인 인종-민족주의 담론을 통해서 '대중'을 구성한다. 우익 포퓰리스트 정당들은 '참된 국민들'이라 여겨지는 자들의 이익을 배타적으로 보호하는 것을 목적으로 민주주의를 옹호한다. 민주주의를 회복한다는 명목으로, 그들은 사실 민주주의를 제한할 것을 요구한다.

나는 이러한 권위주의적 운동의 성공을 막기 위해서는, 민주주의를 제한하는 대신 심화하는 방식으로 정치적 경계를 구성해야 한다고 주장한다. 이것은 그 목적이 착취, 지배,

차별에 관한 쟁점을 중심으로 하는 다양한 민주주의 투쟁들 사이 '등가 사슬chain of equivalence'을 통해 세워지는 '대중'의 구성인 좌파 포퓰리즘 전략을 전개하는 것이다. 이와 같은 전략은 점차 증가하는 '노동자'들의 파편화와 다양성 그리고 페미니즘, 인종차별 반대, LGBTQ+ 쟁점들을 둘러싼 다양한 민주적 요구들의 특이성을 고려하는 가운데, '사회적 질문'의 중요성을 재천명하는 것을 의미한다. 목표는 민주주의를 급진화할 과정을 조성하기 위해 권력을 장악하고 새로운 헤게모니 구성체를 수립하는 데 적절한 횡단적 '집합 의지collective will', '대중'의 접합인 것이다.

이러한 민주적 급진화 과정은 민주적 절차를 통해 기성 정치 제도를 완전히 전환할 관점에서 이 기성 정치 제도에 개입하고 싸우는 것이다. 이것은 다원주의적 자유 민주주의와 급진적으로 단절하고, 완전히 새로운 정치 질서를 수립할 것을 목표로 하지 않는 전략이다. 따라서 이것은 '극좌'의 혁명 전략과 사회적 자유주의자들의 무익한 개혁주의와는 전혀 다른 것이다. 이것은 '급진적 개혁주의radical reformism' 전략이다.

『좌파 포퓰리즘을 위하여』가 2018년에 출간된 이래, 스페인의 포데모스Podemos, 프랑스에서 장 뤽 멜랑숑Jean-Luc Mélenchon이 이끄는 굴복하지 않는 프랑스La rance Lisoumise, 제레미 코빈Jeremy Corbyn의 영국 노동당과 같이 내가 '좌파 포퓰리즘' 전략으로 이 책에서 소개한 몇몇 정치 세력들은 연이은 선거 패배로 인해 많은 어려움을 겪어왔다. 따라서 이러한 프로젝트는 실패한 것이고, 더 전통적인 좌파 정치로 돌아가야 할 시간이라는 주장이 몇몇 좌파 진영에서 나오고 있다. 선거 패배는 부정할 수 없지만, 어떤 정치 전략의 일부 지지자들이 처음 해보는 시도로 자신들의 목적에 도달하는 데 성공하지 못했다는 것을 유일한 근거로 해서 그 정치 전략을 묵살하는 것은 매우 적절하지 못하다. 실수로 그와 같은 결론을 내려버리는 자들은 좌파 포퓰리즘 전략을 '기동전war of movement'과 동일하게 본다. 오히려 좌파 포퓰리즘 전략은 전진과 후퇴의 계가가 언제나 존재하는 '진지전war of position'이다. 포데모스, 영국 노동당, 굴복하지 않는 프랑스의 실망스러운 결과들에 대한 이유를 조사해보면 더 많은 것들을 알 수 있다. 우리는 각각의 경우에, 이 정치 세력들이 자신들의 이전 좌파 포퓰리즘 전략을 버릴 때, 실수하게 된다는 것을 알게 된다. 실제로, 2015년에 포데모스,

2017년에 코빈과 멜랑숑은 좌파 포퓰리즘 캠페인을 실행할 때, 비록 그들이 승리하지는 못했지만, 아주 좋은 결과를 만들어 냈다. 그들이 얻은 득표수가 감소하기 시작한 것은 오로지 그들이 이후 선거에서 다른 전략을 따랐을 때였다. 그리고 멜랑숑은 2022년 대통령 선거에서 좌파 포퓰리즘으로 돌아왔을 때 다시 잘 해내게 되었다. 이것은 좌파 포퓰리즘 전략이 여전히 적절하고, 버려서는 안 된다는 것을 제시한다.

틀림없이 우리는 고도의 정치화라는 '강렬한' 포퓰리즘 계기에 더 이상 있지 않으며, 오늘날 그 조건은 분명 팬데믹 이전에 존재했던 조건들과 매우 다르다. 몇몇 신자유주의 정부가 수행한 반복되는 봉쇄와 통제 형태는 긴축에 반대하는 대중 시위를 멈춰 세워갔다. 코로나바이러스 확산을 지연한다는 명목으로, 점차 권위주의적 조치들이 현장에 내려졌다. 이것은 대중적 저항을 조직화하는 데 특별히 유리한 계기가 아니다. 그러나 이 새로운 상황이 좌파를 위해 전혀 다른 전략을 필요로 한다고 주장하는 것은 잘못된 것이다.

중요한 것은 현 국면의 특이성을 인식하는 것이다. 이것은 팬데믹의 사회경제적 결과들을 어떻게 다룰 것인가와 지구 온난화 효과로 인한 기후 비상사태를 어떻게 다룰 것인가라는 이중 도전으로 특징지어진다. 지구 온난화는 기후 위기의 많은 차원 중 하나일 뿐이지만, 의심의 여지 없이 가장 가시적인 것이며, 그 영향은 수많은 사람에게 직접 느껴진다. 과학자들은 오랜 세월 동안 이 현상의 극적인 결과들에 대해 우리에게 경고해오고 있지만, 사람들은 그 경고를 잘 듣지 않아 왔다. 그러나 청년들의 동원 덕분에 기후는 정치적 의제에서 중요한 자리를 차지할 수 있게 되었다. 신자유주의 공세에 대한 대응을 예상할 때, 사회적이고 생태적인 위기는 비록 서로 다르지만 분리될 수는 없다. 그렇기는 하지만 그 위기들이 각인되는 투쟁의 본질을 이해하기 위해 이 두 위기를 분리해서 분석하는 것은 유용하다.

이 장에서 나는 팬데믹의 사회경제적 결과들을 다루기 위해 신자유주의 정부들이 수행한 다양한 조치들의 결과들을 면밀히 분석할 것이다. 이 결과들은 어떤 이들이 제안하듯이 '포스트 신자유주의' 지평을 향해가는 움직임의 신호인가, 아니면 현재의 어려운 상황에 더 잘 어울리는 새로운 신자유주의 판본의 출현을 보고 있는 것은 아닌가?

코로나19라는 공중 위생적 위기에 대한 대부분의 정부 대응은 높은 수준의 국가 개입으로 점철되었다. 중앙은행의 엄청난 자금 투입은 많은 기업을 도산 위기에서 보호했으며, 산업들이 노동자를 해고하지 않고 살아남을 수 있게 했다. 중요한 경제활동 부분이 갑작스럽게 멈춰있는 동안에도 다양한 보조금과 일시 휴가 제도를 시행한 덕분에 재앙 수준의 경제적 붕괴는 피하게 되었다. 예상 밖의 국가 개입 수준은 아마도 사람들이 이것을 신자유주의 원리와의 결별을 의미하는 것으로 믿도록 했을 것이다. 이것은 실제로 그런 것일까?

신자유주의는 마르크스와 케인즈 이론이 촉발한 '집산주의collectivism'에 맞서 사회를 보호하려는 목적으로 탄생했으며 1947년에 몽페를랭회Mont Pelerin Society에서 그 기원을 찾을 수 있다. 그 이후 신자유주의의 공공연한 적은 잘 알려졌듯이 프리드릭 하이예크Friedrich Hayek가 사회를 '노예로 가는 길the road to serfdom'에 둬버린 것으로 제시한 개입주의 국가interventionist state였다. 이러한 접근은 전후 복지 국가 시기에는 주변적인 것에 불과했다. 아우구스토 피노체트Augusto Pinochet의 독재 치하에 있던 칠레에서 실험된 이후 신자유주의는 자유 시장경제에 대한 신자유주의적 개념을 부과할 수 있었으며 마거릿 대처Margaret Thatcher가 1979년에, 로널드 레이건Ronald Reagan이 1981년에 집권했을 때 복지 국가를 붕괴시킬 수 있었다. 밀턴 프리드먼Milton Friedman이 선언했던 것처럼 오랫동안 정치적으로 불가능한 것처럼 보였던 것이 '정치적으로 당연한 것'이 되는 계기가 온 것이다.

신자유주의 공세는 경제 전략을 극적으로 바꾸기 위한 긴급한 요구를 공표하기 위해 스태그플레이션(실업률을 동반한 인플레이션의 증가) 시기 어려움들로 인한 1970년대 케인즈식 경제 모델의 위기에 편승했다. 자본과 노동 사이 세워진 약속을 깨고, 자본의 우위를 재설정할 것을 결정하면서 신자유주의 옹호자들은 노동조합이 획득한 민주적 요구와 권력의 증가가 사회를 '통제 불가능하게' 만들었다고 주장했다. 하이예크가 말했듯이 '정치를 권좌에서 몰아내는' 시간이 무르익었던 것이다.

국가의 폭압으로부터 대중을 해방하고 자유의 시대를 여는 것을 예고했지만, 신자유주의 정책은 그 정책의 반대자들에 맞선 강력한 억압 조치들을 동반하면서 출발했다는 것을 강조할 필요가 있다. 이것은 영국 탄광 노동자들과 미국의 공공 부문 노동조합에서 벌어진 것이었다. 앤드류 갬블Andrew Gamble이 관찰했듯이 신자유주의의 본격적인 실행에서 국가의 중요한 역할을 전면에 내세우기 위한 전략 중 하나는 '자유 경제, 강한 국가'였다.[3] 축소되어야만 했던 것은 국가의 재분배 기능과 경제 계획에서 이 기능의 역할이었다. 재산권을 보호하고 자유 시장의 작동을 확보하기 위해 국가의 억압적 기능이 재강화되어야 했다.

데이비드 하비David Harvey는 『신자유주의: 간략한 역사 *A Brief History of Neoliberalism*』에서 다음과 같이 지적했다.

"우선 신자유주의란 강력한 사적 소유권, 자유 시장과 자유 무역을 특징으로 하는 제도적 체계 안에서 개별 기업의 자유와 기량을 해방시키는 방식으로 인간의 웰빙이 최고로 진전될 수 있다는 정치 경제적 관례에 관한 이론이다. 국가의 역할은 이러한 관행에 알맞은 제도적 체계를 창조하고

---

3. Andrew Gamble, *The Free Economy and the Strong State: The Politics of Thatcherism* (Durham, NC: Duke University Press, 1988).

지켜내는 것이다."[4]

이 책에서 하비는 1970년대 이래로 신자유주의로의 전환이 어떻게 탈규제, 사유화 그리고 국가의 사회적 공급 분야로부터의 철회와 같은 실천을 동반했는가를 보여주고 있다.

이러한 실천이 수행되면서 신자유주의 방식은 시장의 자유가 개인의 자유의 행사를 위한 조건이라는 사고를 부여하는 데 성공했다. 이와 같은 추정은 결국 당연한 것이 되어버리면서 상식에 뿌리내리게 되었다. 전후 복지국가의 사회민주적 합의 기간에는 억제되었던 '소유적 개인주의 possessive individualism' 이데올로기는 많은 사회적 관계의 모체를 구성하기 시작했다.

영국에서 신자유주의는 마거릿 대처가 전개해 갔는데, 대처는 '자유'의 깃발 아래에서 사회민주주의 헤게모니의 주요 요소들을 떨어내기 위해 자신의 이데올로기 공세를 취했

4. David Harvey, *A Brief History of Neoliberalism* (Oxford: Oxford University Press, 2005), p. 2.

다. 실업과 같이 사회적 해결책을 필요로 하는 사회 문제로 고려되어 온 것들이 개인적인 실패로 재정의되었으며, 국가 개입은 억압의 형태로 표현되었다. 자유 시장의 장점을 설파하면서, 대처는 국가의 억압적 권력으로부터 자신들을 해방시켜줄 것이라는 그녀의 약속에 매료된 많은 부문으로부터 지지를 얻을 수 있었다.

『좌파 포퓰리즘을 위하여』에서 내가 언급했듯이 많은 사회 서비스를 분배했던 관료적 방식이 국가 개입에 대한 저항을 촉발했기 때문에 대처리즘Thatcherism은 광범위한 대중 계급에 반향을 일으켰다. 이러한 저항에 담겨있는 정동affects을 활용하는 대처의 능력은 그녀가 영국에서 신자유주의 정책을 성공적으로 시행하게 된 것을 설명하고 있다.

더욱이 신자유주의 정권은 공통 특성을 공유하는 다양한 이데올로기들을 여러 다른 맥락에 맞춰서 취할 수 있다는 것을 인식하는 것이 중요하다. 이것이 신자유주의의 새로운 판본이 파열된 것이라고 오해하지 않기 위해 주의해야 하는 이유이다. 대처리즘의 경우 신자유주의 원칙들은 신보수주의neo-conservatism와 접합되었다. 그러나 1997년에 토니

블레어Tony Blair의 신노동당이 집권했을 때 새로운 형태가 만들어졌다. 신자유주의의 새로운 신조는 스튜어트 홀Stuart Hall이 '신자유주의의 사회민주주의 판본'이라 불렀던 것을 형성하기 위해 재분배적 사회민주주의 주제들과 접합되었다.

상이한 상황들에 맞춰나가고, 자본주의의 변해가는 규제들에 대응하는 신자유주의의 능력은 뤼크 볼탕스키Luc Boltanski와 이브 치아펠로Eve Chiapello가 『자본주의의 새로운 정신The New Spirit of Capitalism』에서 명시하는 새로운 대항문화 운동new countercultural movements의 양상을 통합해가는 방식을 통해서 드러나게 되었다.[5] 이상적인 자기 관리, 반위계적 비상사태, 진정성에 대한 추구와 같은 양상은 포스트 포드주의로 네트워크화된 경제 발전에 복무하게 되었으며 새로운 통제 형식으로 바뀌었다. 내가 『대적자들Agonistics』에서 주장했듯이 이런 조치는 안토니오 그람시Antonio Gramsc가 '중성화를 통한 헤게모니hegemony through neutralization' 또

---

5. Luc Boltanski and Eve Chiapello, *The New Spirit of Capitalism* (London and New York: Verso, 2005).

는 '수동혁명'이라 불렸던 것에 대한 하나의 사례이다.[6] 이것
은 헤게모니 질서에 도전하는 요구와 정동이 그 전복적 잠
재력을 중성화하는 방식으로 회복되고, 여기에 만족하게 되
는 상황을 말한다.

우리가 보아 온 바와 같이 1980년대 신자유주의 공세는
근본적으로 자본과 노동 사이 전후 협약에 맞선 반동이었
다. 이것은 노동 계급에 의해 만들어진 사회적이고 민주적
인 진전을 자본가 세력이 받아드려야만 했었던 기간 이후
자본가 세력의 **영토 회복**reconquista이었던 것이다. 축적 조
건을 재구축하고 경제 엘리트의 권력을 회복하기 위해 자본
을 마음대로 이용할 수 있도록 국가를 배치하기 위한 정치
적 조치였다. 하비는 이러한 공세가 경제 엘리트의 권력을
회복하고 만들어 내는 데 성공했던 반면, 글로벌 자본 축적
을 재활성화하는 데에는 그다지 효과적이지 않았다고 말하
고 있다.

이렇게 성공했지만 뭔가 아쉬운 상황을 이해하기 위해,

6. Chantal Mouffe, *Agonistics: Thinking the World Politically* (London and
   NewYork:Verso, 2013), Chapter4.

우리는 볼프강 슈트렉Wolfgang Streeck의 『시간 벌기Buying Time』에 주목할 수 있다.[7] 신자유의 혁명 이후 민주적 자본주의의 전개 과정을 분석하면서, 슈트렉은 우리가 왜 신자유주의 정책이 자본 축적을 재활성화할 수 없었는지를 이해하도록 돕는다. 경제적이고 정치적인 요소들의 접합을 강조하면서 그는 이러한 전개과정이 제2차 세계대전이 끝난 이후 어떻게 민주적 자본주의 정권 안에서 갈등하는 두 원리, 즉 시장 정의와 사회 정의 사이 긴장에 의해 추동되어왔는지를 보여준다.

그는 민주적 자본주의의 발진이란 그 중심 모순을 구성하는 것과 타협하기 위해 반복되면서도 성공하지 못하는 시도라고 설명한다. 중심 모순이란 자본주의 축적 논리와 민주적 제도 또는 유권자들의 이해관계와 자본 시장의 이해관계를 화해하려는 필요를 말한다. 슈트렉은 민주적 자본주의에 담겨있는 긴장과 이 긴장들을 관리하는 공공 정책의 한계를 1970년대 이후 부유한 자본주의적 민주주의의 역사를

7. Wolfgang Streeck, *Buying Time: The Delayed Crisis of Democratic Capitalism* (London and New York: Verso, 2014).
볼프강 슈트렉, 『시간 벌기: 민주적 자본주의의 유예된 위기』, 김희상 역 (돌베개, 2015).

구성하는 연속적인 위기를 가지고 묘사한다. 중요한 쟁점은 언제나 시스템 통합과 사회 통합이 가진 갈등하는 필요조건을 어떻게 다루는가이다.

슈트렉은 조세 국가tax state, 부채 국가debt state 그리고 재정 건전화 국가consolidation state라는 세 단계의 역사적 과정을 구별한다. 1970년대 인플레이션, 1980년대 치솟는 공적 부채 그리고 1990년대 글로벌 거대 자본의 압력 아래에서 재정 건전화의 첫 번째 물결에 대한 보상과 '건전 화폐sound money를 회복하기 위한' 시도에 담긴 개인 신용에 대한 규제 완화는 사회 정의와 시장 정의로 갈라진 규범적 원리들의 충돌을 표현하고 있다. 슈트렉에 따르면 시민들의 이해관계와 시장의 이해관계 사이 모순은 이러한 발전의 최근 국면에서 심화되었는데, 그 이유는 유럽 연합의 원조 아래에서 국민적 부채 국가로부터 국제적 재정 건전화 국가로의 이행이 금융 시장의 권력을 강화했기 때문이다.

슈트렉은 재정 건전화 국가의 자본주의는 공평한 성장이라는 환상조차 더 이상 생산할 수 없기 때문에 자본주의와 민주주의의 길은 갈라질 것이라 예견한다. 시민의 사회

권을 중심으로 하는 대중 도덕 경제와 비즈니스의 필요조건에 의거한 시장 정의에 따른 배열을 주장하는 자본주의 경제 사이에는 해결할 수 없는 충돌이 존재한다. 또한 슈트렉은 정치 제도가 경제적으로 중성화되는 상황에서 '시장 정의에 복종하기를 거부한 자들이 1970년대에 국회 밖 저항으로 묘사되곤 하던 것으로 남겨지게 되었다'고 주장한다.[8]

『시간 벌기』는 2013년에 독일어로 출간되었으며, 이후 반체제 저항운동의 출현은 슈트렉의 예상에 따라 해석될 수 있었다. 내가『좌파 포퓰리즘을 위하여』에서 분석한 포퓰리즘 계기populist moment는 여러 측면에서 민주적 자본주의 위기의 결과였으며, 특히 금융 시장이 지배하는 재정 건전화 국가의 원조 정책의 맥락에서 민주적 자본주의가 그 헤게모니를 지속하는 것에 무능력해지면서 초래한 결과였다. 이것은 사회 질서가 점점 더 많은 사람들에 의해 저항받고 있지만, 사람들이 이 질서에 계속해서 순응하도록 하기 위해 권위주의적이고 억압적인 조치에 의존하는 것에 대해 설명한다. 이러한 권위주의로의 회귀는 자본의 요구에 따라 사람들이 행동하도록 이들을 슬쩍슬쩍 몰아가는 신자유주의

8. 위의 책, p. 17.

적 '넛지nudging' 전략이 실패했을 때, 프랑스에서 노란 조끼 Gilets Jaunes의 경우처럼, 대중 저항이 경찰과 충돌하는 나라에서 발생했다.

체제의 정당성 기반이 약화된 환경에서, 권위주의적 조치에 대한 저항이 커지고, 사회적 적대의 수준이 올라가는 것을 예측하는 것은 타당하다. 이것은 실제로 『좌파 포퓰리즘을 위하여』에서 옹호했던 관점이었으며, 이 책에서 나는 우익 포퓰리즘과 좌파 포퓰리즘 사이 투쟁의 형태를 취하는 **'정치적인 것의 귀환**return of the political**'**을 가시화했다.

이것은 최근 팬데믹 이전 과정에 관한 것이었다. 앞서 내가 언급한 것처럼 오늘날 우리는 기후 비상사태 그리고 공중 위생적 위기에 따른 경제적이고 사회적인 결과라는 이중의 위기에 직면하고 있다. 의심의 여지 없이 코로나바이러스의 출현과 전 지구적 확산은 금융 자본주의가 가속화하고 강화한 환경파괴에 의해 촉진되었다. 수십 년 동안 이어진 신자유주의 긴축 정책은 많은 나라의 공적 서비스를 파괴했는데, 이 나라들은 팬데믹 상황에서 아무런 대책도 준비하고 있지 못했다는 것이 드러났다.

이러한 이유로 코로나바이러스는 진보 진영의 테제들을 정당화했으며, 많은 이들은 이것이 신자유주의적 자본주의 헤게모니의 종말에 대한 신호일 것이라 기대한다. 이들은 코로나19가 이미 존재하는 불평등과 위기를 악화시켰기 때문에 일단 정상성normality이 재구축되면 대중 투쟁이 새로운 활기를 띠면서 다시 시작하게 될 것이라고 생각한다. 이들이 맞을 수 있지만, 나는 팬데믹이 신자유주의의 정당성 위기를 심화하는 대신 신자유주의의 생명을 한동안 연장할 수도 있을 거라고 우려하게 된다.

내가 이런 가능성을 예상하게 된 것은 팬데믹이 안보와 보호에 대한 강력한 필요성과 관련된 정동을 발생시켰기 때문이다. 나는 칼 폴라니Karl Polanyi에 대한 독해로부터 이러한 가설을 도출한다. 그는 자신의 책 『거대한 전환The Great Transformation』에서 상품화 과정의 발전으로 인한 심각한 혼란의 위험에 빠진 1930년대 사회가 경제를 사회적 필요에 다시 적응시키려는 대항 운동counter-movement에 어떻게 반응을 보였는지를 밝혔다.[9] 또한 그는 이러한 심각한 혼란에

9. Karl Polanyi, *The Great Transformation* (Boston: Beacon Press, 1991).
칼 폴라니, 『거대한 전환』, 홍기빈 역 (길, 2009).

대한 저항이 반드시 민주적인 모습을 갖추지는 않는다는 것을 관찰했다. 실제로 이 저항은 루즈벨트의 뉴딜New Deal만이 아니라 파시즘과 스탈린주의로 가버리기도 했다.

대항 운동에 대한 폴라니의 생각은 최근 글로벌 차원에서 신자유주의에 저항하는 현대 사회운동의 성장을 설명하는 데 통용되기 시작했다. 나는 폴라니의 연구가 가진 이러한 차원을 확실히 알게 되었지만, 특히 현 국면과 연관되어 있다고 알게 된 또 다른 것을 말하고자 한다. 그것은 그가 자기 보호의 요소에 담긴 것으로 보는 중요성이다. 폴라니는 사회가 그 생활 양식에서 심각한 어려움을 경험하게 될 때 보호의 필요성이 중심 요구가 되고, 사람들은 자신들을 가장 잘 보호해줄 수 있다고 느끼는 자를 따를 가능성이 크다는 것을 보여준다.

우리는 유사한 상황에 있다. 물론 환경은 다르지만, 의심의 여지 없이 팬데믹은 많은 부문에 속한 사람들에게 깊은 정동적 영향력을 만들어 냈다. 가장 가난한 자들과 불안정한 일자리에 있는 자들은 분명 가장 크게 영향을 받았을 것이고, 팬데믹이 초래한 혼란은 여러 상이한 부분에 속한 사람들 사이에 안보와 보호에 대한 욕망을 표현하는 취약성이라는 일반적인 감정을 불러일으켰다.

이 욕망은 진보적이든 퇴보적이든 상이한 방식으로 다뤄질 수 있다. 안보가 배타적 민족주의 차원에서 주권에 대한 관점을 채택하는 것을 필요로 한다고 사람들을 설득할수 있다면 이것은 우익 포퓰리스트들에게 이익이 될 수 있다. 그리고 분명히도 우익 포퓰리스트들은 이러한 관점을 열심히 촉진해 나갈 것이다. 사람들의 목소리가 될 것을 주창하면서 우익 포퓰리스트들은 신자유주의 엘리트들이 국민 주권을 포기하고 자유 무역을 옹호하기 때문에 이들과 이들의 정치가 위기에 대한 전 지구적 책임을 지도록 비난한다. 우익 반체제 담론, 주권 회복 요구, 초국적 기업의 규칙에 대한 거부는 대중들 사이에 잘 받아들여지고 큰 반향을 일으키게 된다.

그럼에도 불구하고 내가 『좌파 포퓰리즘을 위하여』에서 쓴 것과 반대로, 현 국면에서 나는 우익 포퓰리스트들이 언제나 주요 적수로 인식되어야 한다고 생각하지 않는다. 확실히 어떤 나라에서 우익 포퓰리스트들은 민주주의에 위험한 자들로 재현되지만, 다른 대적자들을 무시하면서까지 이들과 싸우는 데 우리의 모든 에너지를 집중하는 것은 실수일 것이다. 예를 들어 나는 이러한 취약성 감정이 안보와 보호를 위한 최상의 방법으로 제시되는 기술-권위주의의 신자유주의적 판본을 발전시키려는 신자유주의 정부에 의해 이용당하고 있다는 사실을 걱정한다. 이들은 QR코드와 같은 혁신적인 디지털 기술을 가지고서, 자신들의 권력을 재강화하고 자신들의 정당성을 회복하려고 하고 있다.

나는 팬데믹을 인구 통제 목적을 위해 설계된 것으로 보는 조르조 아감벤Giorgio Agamben과 그의 동료들의 주장을 지지하길 결코 원하지 않는다. 그러나 분명한 것은 신자유주의자들은 팬데믹을 자신들에게 유리한 쪽으로 돌리려고 시도하고 있다는 것이다. 우리는 공중위생 위기에 대한 기술-안보적 대응을 촉진하는 과정에서, 일찍이 그 해결책이 인구의 건강을 통제하는 애플리케이션의 사전 확보에 있다고 주장하는 이것이 가진 징후를 보았다. 이것은 디지털 거인들digital giants이 자신들을 완전히 전산처리화된 건강 정책의 대리자로 설정하는 방식에 문을 열었다.

팬데믹은 봉쇄 기간 덕분에 분명 빅 테크Big Tech 기업에 엄청난 기회를 제공했고 예상 밖의 수익을 실현할 수 있었다. 이제 이들의 야망은 자신들의 통제를 여러 다양한 영역으로 확장하는 것이다. 이것은 나오미 클라인Naomi Klein이 파악한 '스크린 뉴딜Screen New Deal'로 이어질 수 있었다. 스크린 뉴딜은 우리의 삶을 조직하는 방식에 대한 중요한 결정을 위탁받은 아마존, 구글, 애플과 같은 기업들의 손안에 일관되게 있는 '팬데믹 충격 독트린'을 닮은 것이다. 이것은 이 기업들이 모든 민주적 통제를 제거함에도 불구하고, 공적 자금을 받을 수 있게 한다.[10]

팬데믹이라는 '일시 멈춤' 이후 정치적 적대의 귀환을 저지하려는 것이 자신들의 주요 목적일 때, 신자유주의 엘리트들은 팬데믹이 깨워버린 보호에 대한 요구에 답을 해야 할 필요를 의식하게 된다. 그리고 이들은 디지털 형식을 갖춘 보호를 적극적으로 권장하고 있다. 현재 많은 사람이 자신들이 반대하곤 했던 디지털 형식의 통제에 접근할 준비가 되어 있기 때문에 이 디지털 형식의 보호는 효과를 만들어내고 있다. 확실히 사회적 통제의 이러한 디지털화 과정은

10. Naomi Klein, 'The Screen New Deal', *The Intercept*, 8 May 2020.

이미 시작했으며, 팬데믹은 이미 존재하는 흐름을 강화했고 깊이 자리를 잡도록 했다. 팬데믹은 민주적 통제로부터 영향을 받지 않는 기술-권위주의라는 포스트 민주주의 형식을 조성하는 디지털 자본주의를 향하는 진화 과정에서 주요한 계기로 인식될 것이다.

이 권위주의적 디지털 신자유주의는 에브게니 모로조프Evgeny Morozov가 분석한 '기술 해결지상주의technological solutionism'라는 최신 개념에 의해 정당화되고 있다. 이미 2013년에 출간한 자신의 책『모든 것을 구하려면, 이곳을 클릭하세요To Save Everything, Click Here』에서 모로조프는 모든 문제, 심지어 정치적인 문제들까지 기술적인 해결책을 가지고 있다는 실리콘밸리가 촉진하는 기술 해결지상주의 이데올로기를 경고했다.[11] 모로조프는 이러한 접근법은 인터넷의 성장이 기술 해결지상주의자들의 해결책 범위를 확장하면서 이들을 재강화했다고 말한다. 모로조프의 관점에서 보면 위험은 즉각적인 결과를 마련하기 위해 문제를 단순화하는 데 있다. 이것은 우리가 지적으로 복잡하고 더 많은 요구가

---

11. Evgeny Morozov, *To Save Everything, Click Here: The Folly of Technological Solutionism* (New York: Public Affairs, 2013).

담긴 개혁 프로젝트를 실시하지 못하게 한다.

이 기술 해결지상주의에서 나는 1990년대에 지배적이었던 탈정치적 구상에 대한 기술적 판본을 본다. 디지털 기술들을 전개하면서 기술 해결지상주의자들은 탈이데올로기적 조치들을 옹호하고, 이것은 이들이 정치를 피할 수 있게 한다. 디지털 플랫폼이 정치 질서에 토대를 제공할 수 있다는 믿음은 분명 정치적 적대가 극복되었고 좌와 우를 '좀비 범주'로 보는 제3의 길 정치인의 주장과 비슷하다.

몇몇 신자유주의자들은 인공지능의 눈부신 발전에 의해 향상된 디지털 자본주의가 자본주의를 힘들게 하는 축적 위기에 대한 해결책을 제시할 것이라는 희망을 가지고 있다. 이들은 -노동, 교육, 건강 등- 다양한 영역에 있는 수많은 활동의 디지털화를 생산 비용을 줄이는 방법이라고 이해하고 있으며, 이 디지털화가 새로운 시대의 시작을 알리면서 자본주의 동학에 대한 깊은 영향력을 갖게 될 것이라고 믿고 있다. 또한 이들은 '녹색 자본주의'의 발전과 지구공학의 증진이 지구 온난화 문제에 대한 해결책이 될 것이라고 주장하면서, 자신들은 기후 비상사태가 제시하는 기회에서 이득을 얻기 위해 열심히 노력하고 있다.

우리는 이러한 프로젝트의 추구가 신자유주의에 '시간 벌기'의 새로운 가능성을 제공할 수 있었다는 것을 알아야 한다. 확실히 시장의 요구와 시민의 요구 사이 모순이 남아 있으며, 자본주의와 민주주의의 양립 불가능성은 사라지지 않을 것이다. 하지만 디지털 탈정치라는 이 새로운 형태는 민주주의 세력에게 심각한 역행이 될 것이다.

2
정치와 정동

극우 세력과 신자유주의 엘리트들 모두가 권위주의 모델을 도입하기 위해 팬데믹이 원인이 된 정동affects을 이용하려는 시도에 직면한 상태에서, 좌파는 반드시 안보와 보호에 대한 요구를 다뤄야 한다. 이것은 하나의 도전이다. 왜냐하면 좌파 정치를 알리는 합리주의적 틀은 정동의 중요성을 받아들이기 어렵기 때문이다. 사실 정동적 애착이 함께하는 감정의 세계와 관련이 있어야 하는 모든 것은 이성의 안내 속에서 전진하는 진보와 일치하지 않는다. 특히 이것은 '글로벌리스트globalist' 좌파에게서 뚜렷하게 나타난다. 글로벌리스트 좌파는 정치의 대적자적 모델adversarial model of politics의 종말을 주장하는 신자유주의 세계관을 받아들이면서, 모든 것이 아무런 방해 없이 자유롭게 이동할 수 있는 국경 없는 세상, 정치가 전문가들의 이성적 결정 과정의 영역인 적대가 없는 세상을 만드는 것이 도덕적 진보라고 생각하는 자들이다. 이렇게 함으로써 글로벌리스트 좌파는 안보에 대한 욕망을 자신들이 소중히 여기는 '진보적이고' 범세계주의적인cosmopolitan 가치와 갈등하는 보수적 본질의 실재라고 여기며 안보에 대한 욕망에 의구심을 품는다.

어떻게 이러한 저항을 극복하면서 정동의 중요성을 인정하는 방식으로 민주주의 프로젝트를 수립해 낼 것인가? 이 질문은 『헤게모니와 사회주의 전략』을 쓴 이후 지금까지 내 성찰의 중심에 있었다.[1] 이것은 정념passions 그리고 동일화identification의 정동적 형태를 위한 아무런 여지도 남기지 않는 합리주의적 구상을 옹호하는 위르겐 하버마스 Jürgen Habermas와 숙의 민주주의 이론가들에 대한 내 비판의 핵심이다. 이들의 관점에서 보면, 근대사회는 공동 관심사가 되는 문제에 대한 결정이 모든 이들의 자유롭고 제한

---

1. Ernesto Laclau and Chantal Mouffe, *Hegemony and Socialist Strategy: Towards a Radical Democratic Politics* (London : Verso, 1985).
에르네스토 라클라우, 샹탈 무페, 『헤게모니와 사회주의 전략』, 이승원 역 (후마니타스, 2012).

받지 않는 공적 숙의를 통해서 이뤄져야 하는 '숙의 민주주의deliberative democracy'를 위한 조건을 확립하면서 발전해왔다. 이들은 정치를 합리주의적 합의가 공적 이성public reason의 자유로운 실행(존 롤즈John Ralws)을 통해서, 또는 왜곡되지 않은 소통이라는 조건(하버마스) 아래에서 세워지는 영역으로 보고 있다. 정치는 도덕이 제약되는 가운데 대립하는 이해관계의 장으로 축소되며, 이 정치의 영역에서 정념은 지워진다. 합리적 합의라는 이상을 상정하면서 이들은 올리버 마처트Oliver Marchart가 정치적인 것의 '연합적 관점associative view'이라고 부르는 것, 즉 정치의 당파적 본질과 적대의 상존常存 가능성을 부정한다고 내가 비판해온 관점에 속한다.[2]

또한, 나는 이와 같은 관점이 민주주의 이론에 대한 대부분의 최근 경향들이 민주주의에 대한 헌신의 본질을 파악하는 데 사용하는 부적절한 방식에 어떻게 책임이 있는지를 알려왔다. 이 경향들은 사람이 민주적 제도에 헌신하도록 하는 것이 바로 동일화, 즉 정동을 통해서라는 것을 인정할 수 없다. 많은 민주주의 이론가들은 자유 민주주의 제도의

2. Oliver Marchart, *Post-foundational Political Thought* (Edinburgh: Edinburgh University Press, 2007).

미래를 지키기 위해 필요한 것은 합리적 근거라고 생각한다. 하버마스에게 그것은 민주적 제도가 취한 결정들이 모두의 이해관계를 표현하는 공정한 입장을 나타내는 것을 보장하는 방법을 찾는 것이 주요 쟁점인 정당성의 문제인 것이다. 그는 의사소통 행위와 공적 이성 안에서 작동하는 합리성의 유형을 민주 시민을 위한 주요 동기이자 민주적 제도에 대한 민주 시민의 헌신 기반으로 만들기를 원한다.

이 합리주의적 구상에 관한 쟁점을 다루면서 나는 이러한 제도에 대한 헌신에 실재로 있는 것은 합리적 정당화가 아니라, 민주 시민의 출현을 가능하게 하는 동일화와 수많은 실천의 가능성에 대한 문제라는 것을 주장해왔다. 합리성에 특권을 부여하는 접근법은 민주적 가치에 대한 헌신을 지키는 과정에서 정념과 정동이 하는 중요한 역할이라는 중심 요소를 제쳐 놓는다.

사람들이 민주 시민의 출현에 기여할 수 있게 되는 것은 자유 민주주의 제도에 구현된 합리성에 대한 논쟁을 제기하는 것이 아니라, 바로 민주적 가치와의 동일화를 촉진하는 담론, 제도와 삶의 형태를 늘려나가는 것에 의해서다. 핵심적인 질문은 합리성이 아니라 공통 정동common affects에 대한 것이다.

이런 시각으로 민주주의에 대한 헌신을 둘러싼 쟁점을 다루는 과정에서 우리가 알 수 있는 것은 정치 이론가들이 민주적 제도의 정당성을 지키기 위한 논쟁을 강조하면서 틀린 질문을 던져왔다는 것이다. 민주주의는 진리론 그리고 무조건성과 보편타당성과 같은 관념을 필요로 하지 않는다. 민주주의는 루드비히 비트겐슈타인Ludwig Wittgenstein이 '준거 체제에 대한 열정적 헌신'이라 비유한 것의 본질에 더 많이 담겨있다.[3] 민주주의에 대한 헌신은 민주적 가치와의 동일화에 대한 질문이며, 이것은 정동이 중요한 역할을 하는 복잡한 과정이다.

민주주의 프로젝트와 합리주의적 접근법 사이 복잡한 관계의 이유를 파악하기 위해 우리는 계몽주의Englightenment를 되짚어볼 필요가 있다. 이것은 내가 『민주주의의 역설 Democratic Paradox』에서 이미 다룬 질문이며, 이 책에서 발전

3. Ludwig Wittgenstein, *Culture and Value* (Chicago: University of Chicago Press, 1984), p. 64.

된 몇 가지 주장들이 오늘날 우리가 겪는 어려움을 이해하는 데 관련이 있기 때문에 이 주장들을 다시 논의할 가치가 있다.[4]

예를 들어 『적대감의 법The Laws of Hostility』에서 사각지대에 빛을 비추는 계몽주의가 가진 어떤 정치 인류학을 제시하는 피에르 생따망Pierre Saint-Amand의 관점을 따르다 보면, 중요한 통찰력을 얻을 수 있게 된다.[5] 생따망은 계몽주의 **철학자**들이 정치를 이성에 근거를 두려는 시도 속에서, 폭력을 인간 본성에 속하지 않는 오래된 현상으로 이해하면서, 어떻게 사교성sociability이라는 낙천적 관점을 제시하게 되었는지를 보여준다. 계몽주의 철학자들은 행동의 적대적이고 폭력적인 형태, 적대감이 드러난 모든 것은 교류와 사교성이 발전하면서 제거될 수 있다고 믿었다.

르네 지라르René Girard가 발전시킨 미메시스 이론mimetic theory을 통해 이 낙천적 관점을 면밀히 파악하는 과정에서 생따망은 이 관점이 모방imitation의 동학을 구성하는 것의 한

4. Chantal Mouffe, *The Democratic Paradox* (London: Verso, 2000).
5. Pierre Saint-Amand, *The Laws of Hostility: Politics, Violence and the Enlightenment* (Minneapolis: University of Minnesota Press, 1996).

측면만을 인정할 뿐이라고 주장한다. 이 관점은 전적으로 좋은 것의 실현만을 목적으로 하는 인적 교류라는 구상을 기반으로 하고 있으며, 공감과 연결된 여러 미메시스적 측면 중 한 부분만을 인정할 뿐이다. 그러나 지라르에게, 모방 개념의 양면적인 본질과 미메시스의 대립적 본질, 즉 사람들이 같은 대상에 대해 공통 욕망을 갖도록 하는 바로 이 운동이 사람들의 적대 기원에도 존재한다는 사실을 인식하는 것은 매우 중요하다. 호혜와 적대감은 분리될 수 없으며, 사회 질서는 언제나 폭력에 의해 위협받게 된다.

생따망은 **백과사전학파**Encyclopédie 학자들이 결함이 있으면서도 이상화된 관점을 가진 사교성을 옹호하도록 한 것이 이들의 인간주의적 프로젝트가 가진 바로 그 본질이었다는 것에 주목한다. 이들이 교류의 부정적인 면, 특히 교류가 가진 분리 충동을 부정한 이유는 이들이 인간에게서 사회적인 것의 자율성 근거를 두고 평등을 지키기 원했기 때문이다. 생따망은 이러한 부정이 폭력과 적대감이 제거되고, 호혜가 참여자들 사이에서 투명한 소통 형태를 갖출 수 있다는, 사회 계약론이라는 허구의 조건이었다는 것을 보여주고 있다.

이러한 관점은 민주주의 정치에 해가 된다. 왜냐하면 사교성에 내재해 있는 폭력, 즉 사교성을 구성하는 요소이기 때문에 어떤 계약으로도 제거할 수 없는 폭력을 부정한다고 해서 민주주의 정치가 더 좋아질 수는 없기 때문이다. 반대로, 오로지 사회적 교류와 함께 작동하게 되는 모순적인 운동들을 인정함으로써 민주주의 질서를 지키기 위해 필요한 관행과 제도를 이해하는 것이 가능하게 된다.

이 **계몽주의 철학자들**의 인간주의적 관점이 정동과 정념의 긍정적인 역할을 파악할 수 없다는 것은 그리 놀라운 일이 아니다. 이들에게 정동과 정념은 '비합리적인' 힘, 이성이 아직 완전히 전개되지 못한 시대의 낡은 잔재로 보이기 때문이다. 비록 **계몽주의 철학자들** 신조의 중심을 차지하는 이성이 이끄는 근대적 개인이라는 구상이 국가마다 상이한 전통을 가진 계몽주의에 따라 다양한 방식으로 표현되기는 했지만, 모든 계몽주의는 이성과 정념 사이 급진적 대립이 존재하고, 정동은 합리적 행동을 추구하는 데 장애물이 되기 때문에 부정되어야 한다는 관점을 공유한다. 이것은 파스칼, 스피노자, 홉스와 같은 17세기 많은 철학자에게서 발견되는 정념에 대한 풍부한 성찰이 18세기, 자칭 이성의 시대에 차단된 이유를 설명한다.

　부정적인 방식에도 불구하고, 계몽주의 사상가들이 정념을 인지했다는 것에 주목하는 것은 흥미로운 일이다. 모든 정념이 같은 운명으로 고통받는 것은 아니었다. 앨버트 허시먼Albert Hirschman은 자신의 책 『정념과 이해관계*The Passions and the Interests: Political Arguments for Capitalism before Its Triumph*』에서 17~18세기 지적 분위기를 재구성한다.[6] 허시먼은 몽테스키외, 제임스 스튜어트, 애덤 스미스에 대해 논하면서, 물질적 이익을 추구하는 것처럼 탐욕의 죄라고 비난받곤 했던 한 정념이 어떻게 긍정적인 방식으로 그 의미를 다시 얻게 되었었고, 인간의 제멋대로이고 파괴적인 정념들을 억제하는 역할을 부여받았는지를 입증한다. 또한 허시먼은 정념으로부터 이해관계로의 이동은 자본주의가 발흥하는 데 중요한 역할을 했다고 주장한다.

　내 목적과 특별히 관련된 것은 민주주의 프로젝트와 합

---

6. Albert Hirschman, *The Passions and the Interests: Political Arguments for Capitalism before Its Triumph* (Princeton, NJ: Princeton University Press, 1977).
앨버트 허시먼, 『정념과 이해관계』, 노정태 역(후마니타스, 2020).

리주의적 관점 사이에 설정된 연결이다. 민주적 가치는 합리성의 진전에 근거하고 있는 것으로 보였고, 이 가치들을 정동의 간섭으로부터 보호해야 한다는 주장은 너무나 중요해서, 결과적으로 계몽주의적 합리주의의 한계를 드러내려하고, 민주주의에 대한 헌신은 이성만으로 보장될 수 없다고 주장한 장본인들은 보수적인 입장을 옹호하는 것으로 여겨졌다. 이들은 민주주의 프로젝트의 바로 그 기초를 약화시킨다는 이유로 비난받았다.

이것이 좌파는 반드시 스스로 합리적이라고 규명하고 정념을 피해야만 한다는 널리 퍼진 관점의 기원을 알게 되는 지점이다. 오늘날 이러한 생각은 여전히 정치 이론가들 사이에서 발견된다. 예를 들어 하버마스는 자신의 책 『현대성의 철학적 담론The Philosophical Discourse of Modernity』에서 미셸 푸코Michel Foucault와 같은 근대 이성 비판가들을 민주주의 전통에 해로운 관점을 촉진하고, 민주주의의 토대를 위태롭게 한다고 비난했다.[7]

7. Jürgen Habermas, *The Philosophical Discourse of Modernity* (Cambridge, MA: MIT Press, 1987).
   위르겐 하버마스, 『현대성의 철학적 담론』, 이진우 역 (문예출판사, 1994).

민주주의의 방어는 반드시 정동의 역할이 가진 자격을 박탈하는 합리주의 관점에 기초해야 한다는 논지에 의문을 제기하기 위해 한스 블루멘베르크Hans Blumenberg의 책『근 대 시대의 정당성The Legitimacy of the Modern Age』은 많은 영감 을 제공한다.[8] 한스 블루멘베르크는 계몽주의적 합리주의 비 판이 근대 민주주의 프로젝트를 위협한다는 주장을 논박하 기 위해 매우 소중한 성찰을 제공한다. 진보라는 관념은 기 독교 종말론의 세속화secularization된 판본이라는 칼 뢰비트 Karl Löwith의 논지에 대해 논하면서, 블루멘베르크는 근대 시대가 '자기 주장self-assertion'의 관념 형태로 참되고 새로운 질을 소유한다고 주장한다. 이러한 관념은 전능하고 완전히 자유로운 신에 대한 믿음과 연합되어 있는 일군의 관념인 '신학적 절대론'으로 기울어진 스콜라주의 신학에 의해 만들 어진 상황에 대한 대응으로 출현하게 된다.

블루멘베르크는 세계를 완전히 우연한 것으로 만드는 이 신학적 절대론에 대해서, 유일한 해결책은 인간 이성을 질서의 수단이자 가치의 원천으로 확인하는 것이었다고 서

---

8. Hans Blumenberg, *The Legitimacy of the Modern Age* (Cambridge, MA: MIT Press, 1983).

술한다. 세속화 이론가들이 주장하는 것에 맞서 블루멘베르크는 진짜 단절이 존재한다고 주장한다. 비록 이 단절이 어떤 연속성과 공존한다고 하더라도 말이다. 그러나 이것은 문제들의 연속성이지, 해결책들의 연속성이 아니다.

블루멘베르크는 다음과 같이 말한다.

"적어도 (지금까지는) 몇몇을 제외한 인식할 수 있고 구체적인 모든 심급에서 세속화로 해석되는 과정에서 주로 일어난 것은 진정으로 신학적인 내용이 그 기원에서부터 세속적으로 소외되는 **전이**transposition가 아니라, 오히려 대응하는 질문들을 해결할 수 없을 정도로 속이 텅 비어버린 응답 위치에 대한 **재점유**reoccupation로 기술되어야 한다."[9]

리차드 로티Richard Rorty가 제안하는 것처럼 이것은 참으로 근대적인 것, 즉 '스스로 근거 지음self-grounding'(인식론적 프로젝트)이라는 관념과는 완전히 다른 (정치 프로젝트와 동일시되는) '자기주장self-assertion'이라는 관념을 우리가 구분할 수 있

9. 위의 책, p. 65.

게 하는 방식 안에서 해석될 수 있다.[10] 스스로 근거 지움은 단지 중세적인 입장을 '재점유'하는 것이다. 이것은 전근대적인 질문을 포기하는 대신 이에 대한 근대적인 해답을 제시하려는 시도이다. 하지만 그 한계를 깨달은 합리성은 그렇게 하지 못했다. 그러므로 로티를 따라서 우리는 근대 이성이 자신이 가진 전근대적 유산으로부터 스스로 자유로워지는 것은 바로 근대 이성이 그 한계를 인정하고 총체적인 통제와 최종 조화가 불가능하다는 것을 받아들이는 때라고 결론을 내릴 수 있었다. 따라서 신학으로부터 해방되는 산통을 겪으면서 스스로 자기 존재의 토대를 제공하는 이성이라는 착각에 대한 의문이 제기된다. 그러나 이것이 민주주의 프로젝트의 기반을 반드시 약화시키지는 않는다.

나는 이것을 중요한 움직임이라고 간주한다. 왜냐하면 정치적인 것 그리고 인식론적인 것이라는 두 측면 사이 필수적인 연결의 존재에 대한 계몽주의가 가진 믿음은 정동을 배제하는 합리성이 가진 결핍된 관점에 좌파가 애착을 갖는 이유를 설명한다. 일단 우리가 정치적인 것과 인식론적인 것의 두 프로젝트 사이에 필연적인 관계가 없다는 것을 받

10. Richard Rorty, 'Against Belatedness', *London Review of Books* 5:11, 1983.

아들인다면, 우리는 민주주의 정치 프로젝트는 반드시 정동으로부터 분리된 합리성의 형태로 이해되는 합리주의에 기반을 두어야 한다는 관념을 포기하면서도 민주주의 정치 프로젝트를 보호하기 위한 조건에 있게 된다.

이와 같은 접근법으로부터 영향을 받는 가운데, 나는 이성의 보편적 명령에 의지하지 않는 민주주의 프로젝트를 그려내는 민주주의에 대한 '경합적' 구상을 자세히 설명했었다.[11] 개인주의라는 문제틀로부터 민주주의를 분리해내고 정치적 동일성들을 구성하는 과정에서 정동이 수행하는 중요한 역할을 강조하면서, 나는 정치적 행동이 가진 집합적 특성과 당파적 특성 모두를 분명하게 보여주었다. 자유 민주주의 이론이 가진 가장 약한 지점 중 하나는 정치적 동일성들이 가진 집합적인 본질과 이 동일성들의 정동적 차원을 이해하는 데 무능력하다는 것이다. 나는 이 무능력이 자유 민주주의 이론들이 가진 개인에 대한 이미지의 결과가 된다고 본다. 이 이미지는 자신의 이해관계를 위하거나 추상적인 도덕 원리들 때문에 정치의 영역에서 행동하는 것으로

---

11. Chantal Mouffe, *Agonistics: Thinking the World Politically* (London: Verso, 2013).

표현된다. 이것은 내가 정치에 관한 중요한 질문 중 하나라고 이해하는 것을 질문하지 못하도록 한다. 동일화의 집단적 형태는 어떻게 만들어지는가? 그리고 정동/정념은 이 과정에서 어떤 역할을 하는가?

민주주의란 정치의 범위로부터 정념을 제거할 것을 필요로 하는 포괄적인 합의에 도달하기 위한 과정을 규정하는 데 있다는 관점과는 반대로, 경합적 관점은 민주주의 정치를 적대antagonism가 경합agonism이라는 의견 불일치에 대한 경합적 표현으로 전환되도록 하는 제도의 수립으로 이해한다. 즉 중요한 것은 갈등이 발생할 때 이 갈등은 '적대'(적과 적 사이 투쟁)가 아니라 '경합'(대적자들adversaries 사이 투쟁)이라는 형태를 취한다는 것이다. 경합적 대립은 적대적 대립과는 다르다. 이것은 경합적 대립이 가능한 합의를 고려하기 때문이 아니라, 상대방을 파괴해야 할 적이 아닌 그 존재가 정당한 대적자로 인지하기 때문이다.

따라서 민주주의를 위한 도전은 우리와 그들이라는 구분을 설정하는 것이며, 이것은 다원주의를 인정하는 것과 함께할 수 있는 방식 안에서 정치의 구성 요소인 것이다. 마르셀 모스Marcel Mauss가 적절하게 표현한 것처럼 이것의 목적은 '서로를 죽이지 않고서 반대하는 것'이다. 경합적 투쟁에서 중요한 것은 사회 질서를 조직하는 권력관계의 배열과 이 권력관계가 구성하는 헤게모니의 유형이다. 합리적으로 결코 화해될 수 없는 것은 바로 갈등하는 헤게모니 프로젝트들 사이 대립인 것이다. 정념을 정치에서 배제하려는 합리주의 모델과 달리 경합적 관점은 정치적 동일성들을 구성하는 과정에서 정념이 하는 역할을 중요하게 고려한다. 나아가 경합적 관점은 공적 영역public sphere을 최종적인 화해가 불가능한 가운데, 정념이 헤게모니 프로젝트들의 대립을 통해 동원되는 싸움터로 보고 있다.

합리주의에 대한 비판은 철학적 논쟁으로만 국한되지 않으며 직접적인 정치적 관련성을 가지고 있고, 나는 종종 구체적인 정치적 국면을 성찰하곤 했다. 예를 들어『정치적인 것에 대하여On the Political』에서 '제3의 길' 모델을 면밀히 분석하면서, 나는 정치의 대적자적 유형이 한물갔으며, 이제는 합의에 도달한다는 관점을 중심에 두고서 '좌우를 넘어서' 사고할 필요가 있다고 주장하는 제3의 길 모델과 논쟁했었다.[12] '제3의 길' 모델을 분석하면서 나는 탈정치적' 구상이 정치적 행동의 당파적 특성을 부정하면서 민주주의 프로젝트 중심으로 정동을 동원하려는 경합적 토론을 어떻게 막았는지를 보여주었다. 나는 이것이 기성 엘리트들이 몰수해버린 목소리를 대중에게 되돌려 주겠다고 주장하는 우익 포퓰리스트 정당에 우호적인 지형을 만들어 내고 있다고 경고했다.

'탈정치'의 발흥에 대항하기 위해 나는 좌우 대립을 다시 확인하고, 민주적 선택 사이에서 실제로 선택할 수 있는 가능성을 시민들에게서 박탈해버린 '제3의 길'이라는 합의 정치를 포기할 수 있는 사례를 만들었다. 아, 그로부터 수년 동안 우익 포퓰리즘의 발흥은 내가 2005년에 예상했던 것을 확인해주었다. 이 발흥은 또한 정동을 무시하면 자신들의 정책에 대한 지지를 결집하기 위한 합리주의 좌파의 시도가 어려워진다는 것을 확인해주었다. 이것이 합리주의 좌파가 정념을 불러일으키고 감정의 영역에 호소하기를 부끄러워하지 않는 극우 운동이 가진 동원력이 부족한 이유이다.

12. Chantal Mouffe, *On the Political* (London and New York: Routledge, 2005).

나는 민주주의에 대한 불만이 점점 증가하고 투표를 기권하는 수준이 걱정할 정도가 되어버린 현재의 국면에서 정치의 당파적 본질과 정동의 중심성을 강조하는 것이 필수적이라고 주장한다. 이것은 자신들의 우려가 무시되고 있고 선거가 실제 대안을 제시하지 못한다고 느껴서 정당을 포기한 모든 사람에게 미치는 조건이다.

대중은 정치에 관여함으로써 자신들이 목소리를 얻고, 자신들이 권한을 부여받는다고 느낄 필요가 있다. 글로벌리스트 좌파에 의해 업신여겨진 정동 중에서도 주권, 보호, 안보를 위한 요구를 표현하는 정동들이 가장 중요하며, 이 정동들을 우파에게 맡겨버리는 것은 심각한 정치적 잘못이다. 이러한 잘못은 대중 계급들의 요구와 함께할 수 있는 정치 프로젝트를 정교하게 만들지 못하도록 한다. 이러한 요구를 무시하기보다는 보호에 대한 욕망이 평등주의적 방식으로 지켜지는 동일화의 형태를 제공하기 위해 이 요구를 민주적 가치와 접합시키는 것이 과업인 것이다.

항상 좌파의 합리주의에 비판적인 입장을 취한 나는 현재 상황에서 권위주의적 공세를 저지하기 위해서 좌파의 합리주의를 철회하려는 실제 긴급한 요구가 있다는 것을 느낀다. 왜냐하면 좌파의 합리주의는 대중 운동을 구성하는 데 필요한 정동을 동원하는 것의 중요성을 우리가 이해하지 못하도록 하기 때문이다. 이러한 운동이 성공하려면 동일화의 집단적 형태를 구성하는 데 영향을 미치는 정동의 차원을 이 운동이 인정할 수 있어야 한다. 접착력을 만들어 내기 위해서 운동은 사람들의 우려 그리고 개인적 경험과 함께할 수 있는 정동을 전달할 필요가 있다.

자신들의 우월한 합리성에 의해 사람들이 받아들일 것이라고 확신하는 정책과 프로그램을 정교하게 만드는 데에는 자신들의 모든 에너지를 쏟아부으면서도, 정작 이러한 정책들에 힘을 실어줄 정동을 어떻게 발생시킬 것인가에 대해서는 외면해 버리는 많은 급진주의자와 사회주의자를 보는 것은 낙심이 클 수밖에 없다. 의심의 여지 없이 이것은 상당히 많은 좌파 사이에서 정치에 대한 합리주의적 구상을 확산하는 데 중요한 역할을 한 관념인 '과학적 사회주의'라는 존재에 대한 이들의 믿음 때문이다.

오늘날 많은 사람이 여전히 생산력과 생산 관계 사이 모순의 필연적 결과로 사회주의를 이해하는 역사적 유물론의 정통 판본을 고수하고 있다. 이들은 단호하게도 역사에 대한 자신들의 구상을 '과학적 근거'에 두고 있으며, 자신들의 적수들이 가진 '이데올로기적' 입장을 능가한다는 진리에 접근하는 특권을 가지고 있고, 역사 과정이 결정하는 사회주의 목표에 도달하기 위해 따르는 길을 설명하는 것을 자신들의 역할로 이해하고 있다. 이들은 자신들이 대중에게 좋은 것이 무엇인지를 알고 있다고 확신하기 때문에 대중의 실제 열망에 대해 궁금해하지 않는다. 합리주의적 구상을 받아들이지 않는 사람들 사이에서조차, 많은 이들은 자신들의 메시지가 오로지 지적 능력이 뛰어난 자들에게만 향해야 하고 승리의 조건은 분명하게 공언된 사회주의 프로그램을 제공하는 것이라고 확신한다.

민주주의를 방어하고 심화하는 것을 목표로 하는 새로운 헤게모니를 유발하기 위해서는 정교하게 잘 만들어진 프로그램 그 이상의 것이 필요하다. 피에르 부르디외Pierre Bourdieu가 우리에게 상기시키는 것처럼 참된 관념에 대한 고유한 힘이란 없다. 합리적 토론이란 충분하지 않으며 사람들이 투쟁하도록 하는 것은 사회주의로 인도하는 '역사 법

칙'의 실재에 대한 믿음이 아니라는 것이다. 대중은 자신들의 일상에서 경험하는 다양한 형태의 지배에 맞서 싸우는 것이지 추상적 관념의 실현을 위한 것이 아니다. 추상적 관념은 이론을 정교하게 발전시키는 데에는 중요하지만, 사람들이 정치적으로 행동하고 자신의 에너지를 동원하도록 하지 않는다. 왜냐하면 추상적 관념은 실제 힘을 획득하기 위해 없어서는 안 될 정동적 힘을 전달하지 않기 때문이다. 사람들이 행동하도록 움직이게 하는 것은 정동 그리고 이러한 정동이 새겨지는 동일화 과정이다.

사회 이론과 정치적 실천을 구분하는 것이 필요하다. 사회주의 원리들이 평등주의적 사회에 대한 상을 구성하는 데 유효한 이론적 지침을 제공할 수는 있지만, 이것이 정치적 실천이 될 때 진보적인 집합 의지가 확고해질 수 있는 정념을 동원하고, 공통 정동을 발생하는 것이 가능해지는 것은 분명 사회주의에 호소해서가 아니라고 나는 확신한다.

우리 사회에서 사회주의라는 '기표signifier'는 과거에 가졌을지 모를 동원력을 아주 많은 이유로 상실해버렸다. 아랍의 봄에서 나타나는 여러 다양한 봉기들은 말할 것도 없고,

스페인의 인디그나도스Indignados(분노한 자들), 미국과 세계 곳곳에서 나타난 다양한 점령 운동Occupy movements, 프랑스의 뉘 드부Nuit Debout(밤샘 시위)와 노란 조끼Gilets Jaunes 운동과 같은 대중 동원에 의해 증명된 것처럼, '광장 운동'의 구호는 사회주의가 아니라 '진정한 민주주의'를 위한 요구였다. 이보다 더 최근에는 조지 플로이드George Floyd 살해 사건에 대한 반발로 세계 전역에서 폭발적으로 일어난 대중 저항 시기에 대중이 모이고 인종차별 반대 의식이 불러일으켜진 것은 Black Lives Matter(BLM, 흑인의 생명도 중요하다) 운동의 깃발 아래에서였다.

이 모든 상이한 동원의 긴급 상황들은 사회 정의 및 평등과 관계가 있지만, 이 상황들은 자신들과 동일시 하지 않는 사회주의적 어휘들 안에서 요구를 표현하지는 않았다. 정치 프로젝트는 대중의 일상 경험과 구체적인 열망을 토대로 대중에게 말할 필요가 있다. 정치 프로젝트는 대중의 현실적인 조건에서 생겨나야 하며, 대중이 파악할 수 있는 대적자를 지정해야 한다. 대중은 바로 구체적인 요구를 중심으로 정치화될 수 있는 것이지, 추상적인 반자본주의적 웅변술이 급진주의자들이 대표하려고 하는 수많은 이해관계 집단과 함께하지는 않는다.

　민주주의의 급진화를 위한 투쟁에서 '반자본주의적' 차
원이 반드시 존재한다는 것을 부정하는 것이 내 의도는 아
니다. 이 투쟁 과정이 자본주의 생산 양식에 기원을 두고 있
는 여러 지배 형태를 끝내야 한다는 것은 부정할 수 없다. 또
한 『헤게모니와 사회주의 전략』에서 제안한 것처럼 우리가
사회주의를 민주주의의 급진화 측면에서 재공식화하는 것
을 받아들인다면, 사회주의를 평등주의적 투쟁이라는 목표
로 제시하는 것이 가능하다. 여전히 대부분의 진보적 투쟁
은 오늘날 반자본주의나 사회주의의 이름이 아니라 평등과
사회 정의의 이름으로 수행되고 있으며, 이 투쟁들은 종종
민주주의 투쟁으로 표현되곤 한다.

3

정동, 동일성, 동일화

지금까지 내 주장은 공중위생과 생태적 위기의 결과가 신자유주의적 공고화의 도래를 알릴 수도 있고, 우리가 더욱 민주적인 사회를 구성해 나가도록 할 수도 있었다는 것이었다. 권위주의적 디지털 모델을 장착하고, '녹색 자본주의'를 촉진하기 위해 코로나19 팬데믹에 의해 발생한 보호와 안보에 대한 요구를 동력으로 활용하려는 신자유주의적 시도를 고려하면서, 나는 정동을 무시할 경우 좌파 세력은 자신들이 직면하고 있는 도전을 파악하지 못하게 될 것이라고 경고해왔다.

내가 이 장에서 다루려는 질문은 정치적 동일성들을 구

성하는 과정에서 정동의 역할을 어떻게 파악할 것인가이다. 이것이 종종 해석되는 방식과는 반대로 나는 합리주의에 대한 내 비판이 합리성의 역할을 거부하거나 일종의 '비합리주의'를 옹호하는 것이 아니라는 것을 보여줄 것이다. 이것은 이성을 정념과 대립시키고 이성을 희생하면서까지 정념에 의해 추동되는 정치를 옹호하자는 외침이 아니다.

최근 감정emotion과 정동은 철학자들과 함께 인문 사회 과학 분야에서 연구하는 사람들 사이에서 유행하는 화제가 되었다. 먼저 나는 '정동적 전회affective turn'라고 불리는 것에 대한 현재의 논의에 관한 내 입장을 구체화할 것이다. 정동적 전회는 '가족 유사성family resemblance'을 찾기가 쉽지 않은 연구들이 잡다하게 얽힌 본바탕을 포함하고 있다. 왜냐하면 가끔 가족 유사성으로 연결될 수 있는 이론가들은 화해하기 어려운 다양한 접근법들을 사용하고 있기 때문이다. 이 이론가들은 '정동'과 '감정'이라는 용어들의 관계는 물론, 이 용어들의 정확한 의미에 다른 의견을 가지고 있다. 이 이론가들의 일부는 질 들뢰즈Gilles Deleuz와 펠릭스 가타리Félix Guattari의 영향을 받고 있으며 어떤 이론가들은 신경과학의 영향을, 그리고 또 다른 이론가들은 다양한 구성주의 학파의 영향을 받고 있다. 이러한 연구 중 일부는 소중한 통찰력을 제시하지만, 이들이 주목하는 부분과 내가 주목하는 부분이 다르기 때문에 내 접근법과 이들의 접근법 사이 차이점을 분명히 할 필요가 있다.

내 성찰은 내가 '정념passion'이라 부르는 정동의 특정한 유형에 관한 것이다. 나는 '정념'이란 우리/그들이라는 동일화의 형태를 구성하는 과정 속 정치 영역에서의 중요한 부분인 **공통**common 정동을 의미한다고 본다. 내가 옹호하는 관점에서 보면 정념과 감정을 구분하는 것이 중요하다. 정치 영역에서 우리는 항상 집단적 동일성을 다루고 있다. 그런데 '감정'이라는 용어는 집단적 동일성을 제대로 전달하지 못한다. 왜냐하면 감정이란 일반적으로 개인에게 부착된 것이기 때문이다. 정치학 분야에서 집단적인 정치적 동일성들 사이 대립을 제안하기 위해서는 공통 정동과 '정념'에 대해 말하는 것이 더욱 적절하다.

『헤게모니와 사회주의 전략』에서 다룬 담론적 반본질주의 관점discursive anti-essentialist perspective과 정신분석학이 가진 몇 가지 근본적인 통찰력을 결합하여 우리는 동일화 과정에서 정동과 이성을 연결하고, 집합 의지를 구성하는 과정에서 정동이 동원될 수 있는 방법을 구상할 수 있어야 한다. 이것은 동일성 문제가 자신들의 참되고 본질적인 동일성을 발견하거나 인정하는 대중에 대한 질문이 아니라, 이동일성을 구성하는 것에 대한 질문이라는 것에 따라서 이론적 접근법을 채택할 것을 필요로 한다. 정치가 가진 중요한 차원은 동일화 과정을 통한 정치적 동일성의 구성이며, 이 과정은 언제나 프로이트Freud가 리비도적 투여libidinal investment라고 부르는 정동적 차원을 수반한다.

정동에 대한 내 성찰의 중심에는 프로이트가 있다. 그는 내 연구에서 지속적인 참조가 되어왔으며 정치적인 것에 대한 내 사고 체계에 깊은 영향을 주었다. 종종 나는 주체의 통일화된 특성에 대한 프로이트의 비판, 그리고 그가 인간 정신이란 두 가지 체계, 이 중 하나는 의식적이지 않고 그럴 수도 없는 체계로 분화되어야 한다고 주장하는 것이 합리주의적 관점에 대한 비판을 위해 얼마나 중요한지를 강조해왔다. 실제로 이것은 우리가 합리주의 철학의 핵심 신조 중 하나를 포기하도록 하고 있다. 그 신조란 자기 행동의 총체성에 균일한 의미를 부여할 수 있는 합리적이고 투명한 독립

체로서의 주체에 대한 것이다. 본질적인 동일성이란 존재하지 않으며 오로지 동일화의 형태만 있을 뿐이라는 정신분석학의 주장이 반본질주의 접근법의 중심에 있다. 이것은 드러나야 할 것이 있는 은폐된 동일성이란 존재하지 않는다는 것을 넘어서 주체의 역사란 주체가 동일화되어가는 과정들의 역사라는 것을 규정한다. 따라서 어떤 동일성이라도 이미지와 기표로서 사회적으로 유효한 대상과의 다양한 동일화 과정들을 통해서 구성되는 것이다.

『좌파 포퓰리즘을 위하여』에서 '대중'의 구성을 구상하기 위해 프로이트의 연구가 가진 관련성을 논하면서, 나는 사회적 연결은 리비도적 연결이며 집합적 동일화의 과정에서 정동이 중요한 역할을 한다는 그의 논지의 중요성을 강조했었다. 프로이트의 집합적 동일화에 담겨있는 중요한 지점은 집단의 리비도적 조직화이며, 집합적 동일화를 취하는 것은 정동에 기반한 리비도적 유대affective libidinal link에 대한 것이다. 『집단 심리학과 자아 분석Group Psychology and the Analysis of the Ego』에서 프로이트는 "집단은 분명히 그 어떤 힘에 의해 결합해 있다는 것이다. 그런데 이러한 위업을 세상의 모든 것을 결합하는 에로스 이외에 어떤 힘의 탓으로 돌릴 수 있겠는가?"[1] 라고 했다.

정동에 기반한 리비도적 에너지는 여러 다른 방향으로 펼쳐나갈 수 있고 투여될 수 있다. 이 에너지는 수많은 상이한 재현 과정을 따라 옮겨 다닐 수 있고 다양한 형식의 동일화 과정들을 만들어 내면서, 수많은 방향을 향해 나아가게 될 수도 있다. 이 점은 헤게모니 작용을 이해하는 데 핵심이다. 헤게모니 작용은 여러 다른 정치 형태들이 여러 다른 정동에 기반한 리비도적 애착들을 불러일으킬 수 있다는 것을 자각하는 것을 필요로 하기 때문이다

우리는 프로이트의 연구에 담긴 몇 가지 측면들을 풍부히 발전시킨 자크 라캉Jacques Lacan의 영향을 받은 이론가들이 정신분석학 분야에서 만든 업적 덕분에 이러한 성찰을 확장할 수 있다. 이러한 업적 중 많은 것들은 정치 분석을 위한 중요한 함의를 가지고 있으며, 특히 내가 이 장에서 제기하려는 주장과 관련되어 있다.

1. Sigmund Freud, *Group Psychology and the Analysis of the Ego, in The Standard Edition of the Complete Psychological Works of Sigmund Freud*, vol. 18, (London: Vintage, 2001), p. 92.
지그문트 프로이트, 『집단 심리학과 자아 분석』, 이상률 역 (지도리, 2013), 43쪽.

나는 정치적 동일성을 구성하는 과정에서 정동의 역할을 강조할 것이며, 이 질문을 다루는 데에 열쇠가 되는 동일화 개념을 볼 것이다. 야니스 스타브라카키스Yannis Stabrakakis는 이 분야에서 매우 중요한 연구업적을 만들었다. 그는 담론 이론과 정신분석학의 결합을 통해 동일성과 동일화에 대한 질문을 다루는 데 기대할만한 접근법을 찾을 수 있다고 말한다. 그는 이러한 접근법이 특히 무엇 때문에 사람들이 특정한 동일성 구성체identity formation와 집합적으로 동일화하게 되는지, 그리고 이러한 동일화가 수반하는 함의가 무엇인지를 탐구하는 데 적절하다고 본다.[2]

스타브라카키스의 관점에서 보면, 프로이트가 정념의 차원, 정동적 애착의 차원 그리고 **신체의 에너지론**the energetics of the body의 의미를 내포하는 리비도적 투여의 차원을 드러냈지만, 동일화에 대한 질문이 적절하게 제기될 수 있는 것은 바로 라캉 덕분이다.[3] 프로이트에게 동일화는 주체성이 구성되고 연쇄적인 동일화 과정을 통해서 성격이 구성되는

2. Yannis Stavrakakis, 'Passions of Identification: Discourse, Enjoyment, and European Identity', *in Discourse Theory in European Politics*, ed. David Howarth and Jacob Torfing (Basingstoke: Palgrave Macmillan, 2005), p. 69.
3. 위의 책, p.72.

메커니즘을 가리킨다. 스타브라카키스는 라캉이 동일화의 서로 다른 유형들(징후를 가진 상상계, 상징계)을 구분하고, 나아가 이러한 동일화의 작용이 가진 부정적인 (소외시키는) 지평을 강조하는 방식으로 이와 같은 통찰력을 발전시킨다고 말한다. 동일화는 비록 주체성의 구성 요소이지만, 안정된 주체적 동일성이 될 수는 없는 것이다.

다시 말해서 완전한 동일성은 궁극적으로 불가능하다. 왜냐하면 분리된 주체는 그 자신이 완전함과 동일성을 추구하게 되는 상태인 결핍에 부딪히게 되기 때문이다. 이것은 소위 대타자Big Other, 우리의 사회-정치적 세계, 우리가 주체적 긴장을 풀기 위해 동일화하면서도, 또한 본질적으로 결핍되어 있는 대상들의 저장소이다.

결론적으로, 주체는 언제나 궁극적으로 불완전한 대상과의 끊임없으면서도 부분적인 동일화를 통해서 주체가 가진 구성적 결핍을 감추려 하고 있는 것이다. 이러한 동일화가 가진 부분성과 불완전성은 사람들의 삶과 정치를 위한 일상의 가치가 한물간 합리주의적 유토피아 사상과 같은 것에 걸려들어 있지 않은 한, 이 가치를 부정하지 않는다. 이것은 우리가 사회적이고 정치적인 분석에 대한 동일화 개념이 가지는 관련성을 이해해야 하는 지점이다. '성인의 삶에서 동일화의 대상은 정치 이데올로기와 그 밖에 사회적으로 구성된 대상들을 포함하기 때문에 동일화 과정은 사회정치적 삶의 구성 요소로서 드러나게 된다. 구성 요소는 동일성이 아니라 바로 동일화 그 자체인 것이다. 동일성 정치 대신 우리는 동일화 정치에 대해 말해야 한다.'[4]

그런데 무엇이 이렇게 불완전한 동일화 과정을, 이 과정이 가끔 드러내는 일관성과 상관없이 매력적이게 하는가? 또한 스타브라카키스는 라캉의 주이상스jouissance[5] 개념이 정신분석학에서 라캉이 기여한 결정적인 업적이라고 주장한다. 동일화의 (담론적이고 정동적이면서, 상징적이고 리비도적인) 이중적 본질을 강조함으로써, 라캉은 구체적인 동일화를 지원하는 것은 부분적으로 신체의 **주이상스**에 뿌리를 두고 있

4. Yannis Stavrakakis, *Lacan and the Political* (London and New York: Routledge, 1999), p. 30.
5. 프랑스어 joissance와 가장 가까운 영어는 enjoyment이고, 라캉 연구자들 사이에서 이 단어는 우리말로 '향유' 또는 '향락'으로 번역된다. 라캉의 주이상스가 이 영어 및 우리말 단어를 통해 잘 반영되는지는 정확히 알 수 없다. 구체적인 지시대상이나 기표가 없이 쾌락을 넘어선 쾌락, 고통과 함께하는 쾌락 차원에서 모호하게 규정되기 때문에, 주이상스는 우리가 만족스러운 쾌락의 대상, 하지만 결코 만족할 수 없는 대상을 끊임없이 찾도록 한다. (옮긴이주)

음을 시사하면서, 우리가 사회정치적 동일화와 동일성 구성체에 대한 질문을 성공적으로 다룰 수 있도록 한다. 라캉 이론에 따르면 이 분야에서 중요한 것은 '상징적 일관성과 담론적 폐쇄만이 아니라, 인간 욕망에 생기를 불어넣는 **향유** enjoyment, **주이상스**이다.'[6]

그러므로 동일화 과정에는 두 측면이 작동하고 있다. 그것은 인지적/재현적 차원과 정동적 차원, 관념과 정동 이 두 가지 모두를 포함하는 의미화 실천으로 파악되어야 한다. 정동은 이 의미화에 담겨지게 되면, 의미화에 힘을 부여하게 될 리비도적 힘이다. 관념이 권력을 얻게 되는 것은 관념과 정동이 결합하게 될 때이다. 따라서 사회정치 분야에 접근하기 위해 우리는 기표의 질서(상징계)와 정동, 즉 주이상스의 질서라는 이중의 원천에서부터 나아가야 한다.

민족적 동일성의 사례를 제시하면서, 스타브라카키스는 비록 오늘날의 연구가 민족nation을 근대적인 사회정치적 구성물로 파악하고 민족적 동일성이라는 구성된 특성을 강조하지만, 민족주의 이론가들은 일반적으로 민족적 동일화의

6. Stavrakakis, 'Passions of Identification', p. 72, emphasis in original.

수명, 일관된 헤게모니적 호소와 **힘**을 설명할 수는 없다는 것을 보여준다.[7] 따라서 민족주의에 대한 이들의 비판은 표면적인 수준에 머물러 있다. 스타브라카키스는 민족적 동일화의 지속성과 민족주의의 감정 권력을 이해하기 위해 라캉의 주이상스의 변증법이 더욱 적절한 이론적 틀을 제공한다고 주장한다. 이 주이상스의 변증법은 민족적 동일화의 상징적 측면이 충분하지 않고 '상징적 자원의 동원은 민족적 동일성이 발생하도록 신체에 근거를 두는 정동적 투여와 연결되어야 한다는 것을 드러낸다.'[8] 담론적 차원은 매우 중요하지만 그 자체만으로는 충분하지 않으며, 주체성을 구성하는 데 가장 효과적인 메커니즘은 처음부터 상징적인 것이 아니라 **주이상스**의 실재계와 연결되어 있다. 즉 그것은 리비도적 본질과 같은 것이다.

스타브라카키스 관점으로 유럽 동일성에 대한 질문을 면밀히 조사해보면, 우리는 이 유럽 동일성을 성공하지 못하게 하는 결핍에 대한 이유를 이해할 수가 있다. 스타브라카키스의 관점에서 보면 정책과 교육 프로그램을 통해서 유

7. Yannis Stavrakakis, *The Lacanian Left* (Edinburgh: Edinburgh University Press, 2007), p. 190.
8. 위의 책, p. 200.

럽 동일성을 촉진하려는 여러 시도는 제도적인 준비와 정념 없는 이상에만 몰두하면서, 가장 중요하고 대중적인 유럽 연합과의 동일화에 실패했다. '그들은 이 과정에서 정동과 정념이 가진 중요한 역할을 간과했다.' 동일화의 리비도적/정동적 차원이 사라지게 될 때 '동일화는 중요하고 깊이 있는 어떤 헤게모니적 호소도 획득할 수 없게 된다'라는 결론을 내린다.[9]

사실 유럽 프로젝트에서 정동적 차원의 결핍은 이 프로젝트의 구상 그 자체에 각인되어 있다. 제2차 세계대전 이후 석탄·철강 경제의 창조를 촉진했던 장 모네Jean Monnet와 로베르 쉬망Robert Schuman은 합리적 정책 위에 제도의 기반을 둘 필요가 있다고 주장한다. 주변 환경으로 인해 이들이 정념을 두려워하는 것은 이해가 되지만, 그 두려움은 유럽 연합이 더 진화할 수 없게 하는 부정적인 결과를 낳았고, 유럽 연합이 시민들의 우려를 크게 고려하지 않는 관료적 신자유주의 프로젝트가 되어버리게 하는 데 기여했다고 볼 수 있다.

9. 위의 책, p. 215.

무엇이 동일화 과정에서 중요한지를 파악함으로써, 헤게모니 투쟁에서 좌파가 마주하는 어려움이 드러나게 된다. 오로지 합리적 논거만 사용해야 하고, 정동에 호소하는 것은 피해야 한다는 믿음은 대중이 동일화할 수 없는 정책으로 이어지게 된다. 왜냐하면 이런 합리적 논거로는 대중이 자신들의 문제, 불만, 요구를 깨닫지 못하기 때문이다. 좌파는 프로그램을 정교하게 만들고, 집권 후 자신들이 수행할 위대한 정책을 나열하는 데 많은 에너지를 써버리면서도, 어떻게 집권할 것인가, 어떻게 사람들이 자신들의 정책을 갈망하게 할 것인가에 관한 질문은 대체로 하지 않는다. 마치 동일화를 통해서 정치적 관여를 크게 촉발할 수 있는 정동적 차원을 활성화할 필요 없이, 좋은 정책은 자동으로 사람들이 애착을 갖도록 하기에 충분한 것처럼 말이다. 이러한 정동을 다룰 것을 외면하는 정책은 대중들로부터 공감을 얻기 힘들 것이다.

또 다른 방식을 통해서, 합리주의적 접근법은 헤게모니적 정치 투쟁의 본질을 이해하지 못하고 있다. 이것은 또한 동일화의 동학을 이해하는 데 실패하는 것과 관련되어 있지만, 이번에는 정동을 개인이라는 한정된 범주에 속한 것으로 보는 본질주의적 구상에 따른 것이다. 예를 들어 우리는 이것을 비난받아야 할 정동인 원한resentment을 가지고서 극우 정당에 투표하는 대중과 말하기를 거부하는 것에서 찾을 수 있다. 이것은 몇몇 프랑스 좌파 세력들이 대중 계급으로부터 출현한 마린 르 펜Marine Le Pen의 추종자들과 싸우기 위해 굴복하지 않는 프랑스La France Insoumise의 시도들을 비판하려고 동원한 논거이다. 분명 원한은 진보 정치에서 중요하지 않은 정동이지만 원한을 몇몇 개인들의 심리적 기질이라고 보며, 다른 정동을 발생시켜 개인들을 바꾸려는 노력은 부질없다는 주장 속에서 개인의 선천적 특징 탓으로 여겨서는 안 된다.

사실 원한이란 사람들의 태생적인 어떤 것이 아니다. 원한이란 언제나 개개인이 잘못된 뭔가의 피해자가 된다는 느낌을 받게 되는 구체적인 상황에 맞서는 분노의 반응에서 나온다. 이 분노는 잘못된 것이 배상의 관점을 제시하지 않을 때 원한으로 바뀔 수 있다. 우리가 잘못된 것의 본질을 면밀히 분석해서 이것을 다룰 수 있게 된다는 것을 깨닫게 되면, 이것이 촉발하는 분노는 원한으로 귀결되지 않게 될 것이다. 실제로 많은 경우에 이민자들과 같은 구체적인 집단들이 거부당하는데, 그 이유는 사람들이 나빠지는 것에 대한 책임이 이 집단들의 존재 조건 그 자체에 있다고 인지하게 되기 때문이다. 이것이 우익 담론이 이민자들에 맞선 원한을 부추기는 방식이다. 이 담론에서 이민자들은 그 현존 자체가 나쁜 행동의 원인이 되는 적으로 구성된다.

도널드 트럼프Donald Trump의 예를 보자. 분명하게도, 트럼프의 담론은 백인 노동 계급의 분노를 소수자들 및 이 소수자들을 위해 싸우는 계몽 엘리트들에 대한 원한으로 변환하는 방식으로, 이 분노를 동원하는 우리/그들이라는 대립을 조성한다. 이 원한은 어떤 잘못된 것에 의해 야기된 분노를 담론적으로 접합해서 만들어 낸 생산물이며, 또 다른 동일화 유형을 만들 것을 목적으로 우리/그들이라는 대립을 구성하기 위해 다른 방식으로 접합되었을 수도 있었다. 이것은 버니 샌더스Bernie Sanders가 조성한 유형이었다. 그의 담론은 노동 계급에게 사회 정의를 위한 투쟁을 통해서 자신들의 상황이 나아질 수 있을 거라는 희망을 제공했다. 여기에서 흥미로운 것은 에밀 뒤르켐Emile Durkheim이 사회주의를 연구하는 과정에서 산업 혁명이 시작할 무렵에 분노를 희망으로 이끄는 메커니즘을 사회주의 운동의 기원이라고 파악하는 방식을 기억해보는 것이다.

합리주의 좌파가 정치의 정동적 차원을 다루기를 거절하는 것은 그토록 많은 좌파 정당들이 대중 계급과 연결될 수 없는 이유를 설명한다. 이것은 새로운 현상이 아니다. 에른스트 블로흐Ernst Bloch는 자신의 책『이 시대의 유산Heritage of Our Times』에서 1930년대 독일 상황을 언급하면서 파시즘이 좌파보다 더 성공적으로 다루었던 굶주림, 안보, 주거, 공동체 및 여러 많은 부수적인 것들의 필요성을 마르크스주의자들이 경시하는 경향이 있다고 주장했다.[10] 블로흐는 긍정적으로 전환될 수 있었으나, 증오의 정치를 향해 맞춰져 버린 에너지인 독일 사회에 존재한 파편적인 요구들을 흡수해버리는 능력이 히틀러의 매력이라고 보았다.

오늘날 특정 좌파 세력들 사이에는 다양한 우익 운동들을 네오파시즘 위협으로 표현해서 축소하면서, 이 운동들을 외면과 도덕적 비난을 통해서 맞대응해야 한다는 경향을 보이고 있다. 이러한 이유로 이 좌파 세력들은 대중이 우익 정당들에 이끌리는 이유를 이해하는 중요성을 알지 못한다.

10. Ernst Bloch, *Heritage of Our Times* (Cambridge: Polity, 1991).

자신들에게 속한 사람들에게 널리 퍼져있는 합리주의적 틀의 연장선에서, 이러한 우익 운동의 출현은 군중들의 '비합리적' 충동으로부터 나오는 '갈색 전염병의 귀환the return of the brown plague'으로 인식되어버린다.[11] 이 좌파들의 관점에서 보면 그러한 우익 정당을 지지하는 사람들은 치유할 수 없는 '도덕적 질병'에 영향을 받고 유전적으로 타고난 정념에 의해 움직이기 때문에 바로 잡을 수 없다. 따라서 이 우익 정당들에 대항하고 다른 형태의 동일화로 이 우익 정당 지지자들의 정동을 바꿀 방법을 설계할 목적으로 이 정당들이 성공하게 된 근거를 이해하려는 사람들은 '극우 세력과 영합하는 것'으로 비난받게 된다. 권위주의 우파 정당이 점점 더 많은 사람을 매료시키는 나라에서 이러한 좌파식 접근법은 자신들의 발전을 가로막는 것이 무엇인지를 파악할 수 없도록 한다. 그뿐만 아니라 우익 정치선동가들에게 유혹당한 대중 분야가 본질적으로 성차별주의, 인종차별주의, 성소수

11. 『갈색 전염병The Brown Plague』은 프랑스 작가 다니엘 게랭Daniel Guérin이 1965년에 쓴 La peste brune의 영역본 제목이다. 『갈색 전염병』은 게랭이 1930년대에 독일에 체류하면서 바이마르 공화국이 무너지고, 히틀러의 제3 제국이 수립되는 과정을 목격하면서, 이 과정에서 나타난 군중 속에 파고드는 파시즘의 힘에 대해 프랑스인들에게 경고하기 위해 쓴 책이다. 갈색 전염병은 이 파시즘 현상을 일컫는다고 볼 수 있고, 무페는 이를 차용한 것으로 보인다. (옮긴이주)

자 혐오주의라는 이유로 이 대중 분야를 버리는 것은 확실히 그 목표가 대중적 진보 운동의 구성이라는 전략의 목표와 조화를 이루지 못한다. 물론 우익 세력과 싸우는 전략은 이 분야에 모든 노력을 집중할 수 없다. 하지만 우익 세력과 싸우기 위한 이 전략은 우익 정당을 지지하게 하는 정동의 본질을 이해하려는 시도를 피할 수는 없다.

좌파 포퓰리즘 전략은 잘못된 것의 기원에서 지배 관계를 야기하는 조건들을 다루고, 이 조건들을 제거하기 위해 노력하는 민주주의 프로젝트를 제공하면서, 원한을 키우는 것이 아니라 사회 정의를 향한 정동을 발생시키는 방식으로 우리/그들이라는 대립을 그려내는 것을 목적으로 한다. 여기에서 쟁점은 헤게모니 투쟁이며, 이 헤게모니 투쟁은 대중을 설득하기 위해 논거와 과학적 데이터를 제시하는 순전히 합리적인 작동 방식이 결코 아니다. 헤게모니 투쟁은 언제나 중요한 정동적 차원을 가지고 있는 동일화를 다룬다. 여기에서 우리는 어떤 정동을 다른 정동으로 대체할 수 있는 유일한 방법이란 더 강한 정동을 생산하는 것이라고 말한 스피노자Baruch Spinoza를 청취해야 한다.

정치에서 정동의 중요성과 관련된 내 글 중 이 글이 내가 스피노자를 처음으로 말한 것은 아니다. 나는 특별히 내 주장과 관련되어 있다는 것을 알게 된 스피노자 사상의 일부 측면을 구체화하려고 한다. 분명 스피노자는 궁극적으로는 합리주의자였다. 하지만 우리는 그의 연구에서 비합리주의적 정치 구상을 정교하게 하기 위한 소중한 통찰력을 많이 발견할 수 있다. 스피노자의 **코나투스**conatus 관념과 프로이트의 **리비도**libido 관념 사이 존재하는 유사성은 자주 언급되어 왔다. 프로이트처럼 스피노자는 욕망이 사람들이 행동하도록 하고, 정동이 사람들이 특정한 방식으로 행동하도록 한다고 믿는다. 스피노자는 관념이 권력을 획득하기 위해서는 관념이 반드시 정동적 수준에서 사람들에게 도달해야 하며, 프로이트의 용어를 빌리자면, 관념은 리비도적 힘을 획득해야 한다고 이해했다.

스피노자와 프로이트 사이에는 또 다른 수렴지점이 있다. 변용affection(라틴어 affectio, 아펙티오)과 정동(라틴어 affectus, 아펙투스)을 구분하면서, 스피노자는 코나투스가 외적인 것에 영향을 받을 때 이 코나투스는 정동을 경험한다고 주장한다. 여기서 정동은 코나투스가 뭔가를 욕망하도록 하고,

코나투스가 그에 따라 행동하도록 움직이게 한다. 내가 특별히 자극을 받은 스피노자 연구자 프레데릭 로르동Frédéric Lordon에 따르면, '변용'은 물적 결정material determination만큼 관념에서도 발생하는데, 이 변용으로 인해 우리가 물질과 관념 사이 이율배반을 초월할 수 있게 된다. 로르동은 스피노자에게 정치란 정동에 대한 권력을 가진 관념을 생산할 것을 목표로 하는 **정동적 기술**ars affectandi이라고 말한다. '그것은 "관념"에 대한 것이 아니라, **정동을 발휘하는 관념**idées affectantes의 생산에 대한 것이다.'[12] 우리가 보아 온 것처럼 정동과 관념 사이 연결은 또한 인지적 차원과 정동적 차원 모두를 포함하는 의미화 실천으로서 파악되는 동일화의 정신분석학적 과정의 핵심에 있다.

나아가 우리는 또한 스피노자에게서 사회적 연결이란 리비도적 본질과 같은 것이라는 논지를 발견한다. 로르동은 스피노자의 이런 부분과 관련해서 다음과 같이 말한다.

"정치적 신체를 정의하는 관계 형식은 구체적으로 부분

---

12. Frédéric Lordon, *Les affects de la politique* (Paris: Editions du Seuil, 2016), p. 57.

을 특정한 방식으로 모으는 공통 정동으로부터 나온다. 부분들의 관점에서 파악해보면, 따라서 정치적 신체란 정동의 문제이다. 인간 개개인은 합리적이고 계약을 중심으로 하는 숙의 과정을 통해서 정치적 집단화를 형성하지 못한다. 개개인들을 함께 묶는 것은 정동이며, 이러한 정동들이 관념, 가치 그리고 공통적인 상징계를 위한 매개 수단이라는 것은 거듭 말할만한 가치가 있다."[13]

　　담론 분석, 스피노자 그리고 정신분석학으로부터 얻은 통찰력 덕분에 우리는 정치 투쟁에서 중요한 것 그리고 정동과 동일화의 중요한 역할을 파악하지 못하게 하는 합리주의 접근법을 좌파가 철회하는 것이 왜 그렇게 중요한지를 이해할 수 있다. 사람들이 행동하도록 하는 것은 정동이며, 관념이 정말로 중요한 만큼, 이 관념이 가진 권력은 정동과 연결되어야 한다. 정동과 동떨어진 합리성이라는 이상의 추구는 많은 민주주의 정치이론의 목적이지만, 자멸적인 이론적 기획이 될 뿐만 아니라, 정치적 실천을 위한 가이드가 될 경우 처참한 결과를 맞이하게 된다.

13. Frédéric Lordon, *Imperium: Structures and Affects of Political Bodies* (London: Verso, 2022), p. 116.

정동을 동원하는 것의 중요성에 대한 내 주장을 분명히 보여주기 위해 2019년 영국에서 있었던 선거를 사례로 들어 보자. 이 선거는 보리스 존슨Boris Johnson이 이끄는 보수당과 제레미 코빈Jeremy Corbyn의 리더십을 가진 노동당 사이 대결이었다. 보수당(토리)에게는 '통제권을 되찾자Take Back Control'와 '브렉시트를 완수하자Get Brexit Done'와 같은 슬로건을 제외하고는 적당한 강령이 없었다. 하지만 이 슬로건은 대중이 권한을 부여받는 느낌을 주었다. 그 출발이 좋았던 좌파 포퓰리즘 캠페인 이후에 내부 싸움 속에서 노동당은 길게 열거된 좋은 정책들을 채우면서 공들여 만든 강령을 제시하는 것으로 끝나고 말았다. 하지만 노동당은 정동을 불러일으키려고 하지 않았다. 강령은 모두 진보적인 정책이지만, '우리에게 투표하면, 우리는 여러분에게 이것, 이것, 이것을 줄 것'이라는 '고객 맞춤clientelist' 방식에서 제공되는 말뿐인 정책이었다. 물론 결과는 보수당의 압승이었다.

나는 노동당에게 뭔가 특히 어려웠다는 것을 알고 있다. 브렉시트가 선거에서 결정적인 역할을 했기 때문이다. 브렉시트는 보수당에게 광범위한 대중을 동원할 수 있었던 강력한 정동을 발산하는 헤게모니적 기표를 제공했다. 그럼에도 불구하고, 나는 두 전략을 대조함으로써 뭔가 교훈을 얻을 수 있다고 생각한다. 특히 우리가 2017년 선거와 2019년 선거를 따른 전력들을 비교할 때 그렇다.

2017년 선거에서 노동당은 강력한 좌파 포퓰리즘 슬로건을 가지고 있었다. '소수가 아닌, 다수를 위하여'라는 이 슬로건은 정치적 경계를 설정하는 것이 목표였다. 이 슬로건을 가지고서 노동당은 정치적 정념을 동원할 수 있었고, 기대 이상의 좋은 결과를 얻었다. 불행하게도 이 전략은 더 전통적인 전략을 위해 그 다음번 선거에서는 폐기되었다. 물론 내가 제시하려는 지점은 2019년에 노동당이 공허한 슬로건을 중심으로 대중을 동원하려 했던 토리를 따라 해야 했다는 것이 아니라, 좋은 강령을 가진 것만으로는 충분하지 않다는 것이다. 성공을 위해 정당은 정동을 직시하고, 최고의 전문가가 계획한 정책의 수동적인 고객으로 대중을 다루지 않고, 대중에게 권한을 부여할 필요가 있다.

좌파 세력이 우익 운동의 발흥이 대표하는 도전에 직면하는 것은 쉬운 것이 아니다. 왜냐하면 좌파 세력은 자신들의 상대방이 사용하는 정치 선동 기술에 호소할 수 없기 때문이다. 하지만 나는 정치에서 정념을 중요한 부분으로 인정하는 것에 대한 좌파 세력의 거부 그리고 이성적 논거에만 의존하자는 이들의 주장은 우익 포퓰리즘 공세에 대한 성공적인 대응을 설계하지 못하는 무능력의 핵심이라고 주장한다.

4
녹색 민주주의 혁명

1장에서 나는 팬데믹이 지구 온난화가 초래한 생태적 비상사태의 맥락에서 발생했다는 것을 알렸다. 지금은 이 비상사태의 본질을 파악해야 하는 시간이다. 비록 지구 온난화를 인식하고 우리 사회의 생존을 위한 그 가능한 결과가 중요한 정치적 쟁점이 된 지 불과 50년밖에 되지 않았지만, 생활 환경을 보호하기 위한 운동은 오랜 시간 동안 상이한 형태로 존재해왔다. 『에콜로지카*Ecological*』에서 앙드레 고르 André Gorz는 다음과 같이 주장한다. '생태주의 운동은 환경 파괴와 삶의 질 훼손이 인류의 생존을 위협하기 훨씬 전에 탄생했다. 이 운동은 원래 경제와 정치 권력 기구들이 일상

문화를 파괴하는 데 대한 자발적 항거에서 탄생한 것이다.'[1]

전환점에 도달한 것은 50년 전이었다. 1972년 로마 클럽은『성장의 한계The Limits to Growth』보고서를 출간했는데, 이 보고서는 경제 성장이 자원 감소로 인해 무한히 계속될 수 없다는 사실에 전 지구가 주목해야 한다는 결론을 냈다. 또한 1972년은 지구환경 거버넌스를 위한 토대를 만들기 위해, UN을 통해 전 세계 지도자들이 스톡홀름에 모여 최초의 UN인간환경회의UNCHE: UN Conference on the Human Environment, Earth Summit를 개최한 해이기도 하다. 다양한 국제적 규모의 모임들이 환경과 생태 문제의 기원에 대한 연구를 촉발했고, 해가 갈수록 이 분야에 대한 연구는 점차 중요한 역할을 하게 되었다. 생태적 가치에 주목하는 여러 '녹색' 정당들이 연이어서 등장하고, 다양한 생태주의 운동들이 점차 전투성을 띄는 덕택으로 한계 없는 성장에 기초한 경제 모델에 대한 비판은 정당한 정치적 고려로서 인정받기 시작했다. 그러나 처음에는 생태적 요구가 중요한 역할을 얻지는 못했다. 생태적 요구들은 진보 정치가 고려해야 하

1. André Gorz, *Ecologica* (Paris, Galilée, 2008), p. 48.
   앙드레 고르,『에콜로지카』임희근, 정혜용 역 (갈라파고스, 2015).

는 다른 많은 것 중 하나의 요구로서 보였었다.

　오늘날 상황은 다르다. 날씨 관련 자연재해가 급증하면서, 이것은 기후를 안정화해야 한다는 긴급한 필요성에 대한 인식을 높이도록 했다. 나아가 인간 활동이 생태적 위기에 책임이 있다는 것은 이제 일반적으로 인정되고 있다. 많은 과학적 연구들이 지구 온난화가 화석 연료 산업이 야기한 온실가스 배출물의 축적 결과이고 이 배출물을 감소시켜야 한다는 것을 증명하고 있다. 2018년 이후 그레타 툰베리 Greta Thunberg의 미래를 위한 금요일Fridays for Future과 같은 청년 운동들이 펼쳐진 결과, 기후변화 문제는 광범위한 공적 영역에서 예상 밖의 중요한 관심을 얻게 되었다. 이제 점점 더 많은 사람이 지구가 수용할 수 있는 생활 조건의 보존은 지구 온난화를 효과적으로 방지하는 능력에 달려있다는 것을 깨달아가고 있다. 중요한 질문은 더 이상 우리가 우리의 경제를 탈탄소화/친환경에너지화할 것인가가 아니라, 어떻게 그리고 얼마나 빨리할 것인가이다.

　재생 가능한 에너지로 옮길 필요성에 대해서는 모든 생태주의자가 크게 합의하고 있지만, 합의 이후 가야 할 길은 아직 합의하지 못하고 있다. 심지어 진보 정당들 사이에서도 다음 전략에 대한 아무런 합의가 존재하지 않는다.[2] 합의하지 못하는 지점 중 하나는 급진적인 시스템 변화를 동반한 생태적 전환을 유발할 가능성에 관한 것이다.

많은 생태주의 정당들은 경제를 탈탄소화하기 위해 수행되어야 할 정책들에 대해 합의할 가능성이 있다고 믿고 있다. 이들은 이 목표가 모든 사람을 위한 것이기 때문에 사리 분별이 가능한 모든 시민은 필요한 조치들에 동의할 수 있어야 한다고 확신한다. 이들은 기후 이슈를 정치화하려는 시도를 조심하라고 경고한다. 이것이 인위적인 분열을 만들어 내고, 지속 가능한 사회 모델의 전환을 위해 필요한 광범위한 공동 협력을 저해할 수 있다고 주장하면서 말이다.

이러한 입장의 연장선에서 대부분의 생태주의 정당들은 좌우 대립으로 편을 가르기를 피하고 있으며, 자신들 스스로 그러한 축을 넘어서 위치해 있다고 선언한다. 이것은 독일과 오스트리아에서 찾을 수 있는 사례처럼 누군가 좌우

---

2. 이와는 다른 접근법에 신중한 토론에 대해서는 다음을 보라.
Amanda Machin, *Negotiating Climate Change: Radical Democracy and the Illusion of Consensus* (London and New York: Zed Books, 2013).

정당 모두와의 연합에 참여할 준비가 되어 있다는 이유를 설명한다.

좌파 포퓰리즘 관점에서 보면 더 흥미로운 제안은 그린 뉴딜Green New Deal처럼 금융 자본주의와의 단절을 수반하는 급진 생태적 분기bifurcation를 옹호하는 자들이다. 이러한 프로젝트는 종종 선라이즈 무브먼트Sunrise Movement[3]와 2019년 2월 5일에 미 의회에 기후변화를 다룰 혁신적인 결의안을 제출했던 알렉산드라 오카시오 코르테즈Alexandra Ocasio Cortez에 의해 미국에서 사용되는 주장과 관련되어 있다. 결의안은 다음의 목표를 담고 있었다. 모든 지역과 노동자를 위한 공정하고 정의로운 전환을 통해 온실가스 순 배출 제로에 도달하기. 수백만 개의 고임금의 좋은 일자리를 창출하고, 모든 미국인을 위한 번영과 경제 안보를 보장하기. 21세기 난제들에 지속 가능하게 대응하기 위해 미국의 기반 시설과 산업에 투자하기. 모두를 위한 청정 공기, 물, 기후 그리고 공동체의 회복력, 건강한 먹거리, 자연에 대한 접근, 지속 가능한 환경을 확보하기. 미래의 억압을 예방하고 과거의 억압을 바로잡을 뿐만 아니라, 최전선에 있는 취약한

3. 미국의 기후변화 대응 시민 운동. (옮긴이주)

공동체에 대한 현재의 억압을 멈춰서 정의와 공평을 촉진하기.

그린 뉴딜이라는 관념은 2008년부터 영국의 여러 집단에서 실제로 논의되어 왔다. 앤 페티포Ann Pettifor가 주도하는 경제학자 집단은 금융 및 경제 분야와 생태계 사이 밀접한 연결점들을 깊이 연구해왔다. 이들은 기후위기를 다루기 위해서는 금융 시스템을 규제하기 위한 국가의 급진적 개입이 필요하다고 주장했다. 나아가 이들은 금융 분야를 사회의 이익과 지구의 미래에 시급히 종속시켜야 한다고 강조했다. 이들은 사회는 경제적, 정치적, 사회적 불평등뿐만 아니라, 생태적 재앙을 초래하는 글로벌화된 금융 자본주의 경제 시스템에 대한 의존을 버려야 한다고 강력히 주장한다.[4]

미국식 그린 뉴딜은 더 포괄적이다. 이것은 가축 배설 온실가스의 감소를 사회문제 해결이라는 목적과 분명하게 연결하고 있기 때문이다. 미국식 그린 뉴딜은 기후위기, 빈곤, 인종 불평등이라는 세 가지 근본적인 문제에 대한 해법을 끌어오기 위해 구체적인 정책들을 제시한다. 자신의 일자리

4. Ann Pettifor, *The Case for the Green New Deal* (London: Verso, 2019).

에 영향이 미치게 될 대중 부문들에 대한 지원을 확보하기 위해 미국식 그린 뉴딜은 사회, 경제, 환경 정책들을 강력하게 연결하고, 평등을 우선순위로 하는 몇 가지 중요한 제안을 담고 있다. 그 중요한 생각 중 하나는 에너지 절약 기준을 준수하는 기반 시설 건설 과정에서 일하기를 원하는 모든 미국인 실업자들에게 일자리를 보장하는 것이다.

영국에서도 2019년 제레미 코빈의 노동당 강령에 상세히 담겨있는 녹색 산업 혁명도 사회경제적 정의는 환경정의와 분리될 수 없다고 주장했다. 선거 성명서를 통해, 노동당은 자연환경의 회복과 함께 산업, 에너지, 교통, 농업, 건설을 전환하기 위해 영국에서 백만 개의 일자리를 만들 것이라고 선언했다. 이것은 지속 가능하고 보수가 좋으며 노동조합이 결성된 일자리에 대한 투자와 함께 경제의 신속한 탈탄소화를 위한 조치를 촉진하려는 것이었다.

또한 노동당은 성명서를 통해서 민주적인 공적 소유권 democratic public ownership에 기반한 에너지와 물을 제공할 것이며, 에너지와 물은 상품이라기보다는 권리로서 다뤄질 것이라고 선언했다. 모든 초과수익은 재투자되거나 비용 감축을 위해 사용되도록 했다. 공적 소유권이 국가적으로 전략적인 기반 시설들에 대한 민주적 통제를 보장했고, 주요 자연 자원에 대한 집단적 책무와 관리stewardship를 제공했다는 사실을 강조했다. 이러한 조치들은 지역 주민과 공동체에 자신들의 삶과 장래성에 대한 보다 더 큰 통제력을 제공하기 위해 권력의 급진적 탈중심화를 일으켜야 한다.

이 모든 다양한 제안들은 생태적 자연과 사회적 자연 모두의 요구를 접합하는 생태적 분기가 있어야 한다. 이 제안의 목표는 정의롭고 더욱 민주적인 사회를 만들기 위한 여러 유형의 투쟁들에 생태주의 투쟁을 포함하는 것이다. 정치적 경계를 세우고 대적자를 정의함으로써, 이 제안은 생태주의 쟁점들을 정치화하는 데 기여하게 된다.

사회 투쟁들이 반드시 지구 온난화의 긴급성을 인식해야 한다면, 동시에 기후 운동은 노동 착취 중심성을 고려하기 위해서 반드시 정치화되어야 한다. 미국 그린 뉴딜의 옹호자들은 『도달할 행성A Planet to Win』에서 다음과 같이 주장한다.

"진짜로 다인종적인 노동 계급을 동원하는 좌파 포퓰리즘은 기후변화를 무사히 헤쳐나가고, 가장 파멸적인 결과를 막아내는 더 평등하고 정의로운 사회를 만들기 위한 길 위에서 반드시 밟아야 할 걸음이다. 이런 종류의 정치는 아마도 가장 많이 고통받는 배제되고 착취당하는 군중들과 현상 유지를 통해 혜택을 받는 부유하고 권력이 있는 자들 사이 선명한 경계를 그려낸다."[5]

비록 서로 다른 이름이 붙여지긴 하지만 여러 프로젝트 또한 급진 생태적 분기를 목표로 한다. 예를 들어 장 뤽 멜랑숑의 정당 **굴복하지 않는 프랑스**의 『공동의 미래L'avenir en commun』를 보자. 오늘날의 주요 난제를 다루는 2022년 대통령 선거에서 **대중 연합**L'nion Populaire을 위한 이들의 강령에서 굴복하지 않는 프랑스는 야심 찬 국가 주도 생태주의 전략을 수행하기 위해, 그 과정의 급진적 변화를 옹호하고, 일련의 조치를 제안한다. 이것은 기반 시설을 기후변화에 맞추기 위한 생태적이고 사회적인 프로그램과 거대한 계획에 대한 2천억 유로 규모의 투자를 포함한다. 주요 조치들은

---

5. Kate Aronoff, Alyssa Battistoni, Daniel Aldana Cohen, and Thea Riofrancos, *A Planet to Win: Why We Need a Green New Deal* (London: Verso, 2019), p. 183.

'녹색 통치' 원칙을 헌법에 담는 과정에 있다. 그 내용은 자연에서 취한 것은 더 이상 원래대로 채워질 수 없어서 물과 공기같이 근본적인 공통 재화들을 그 사용과 보호에 대한 민주적 통제를 통해서 집산화하는 것이다. 또 다른 제안들에는 프랑스에서 생산하기 위한 생태적이면서 연대solidarity를 바탕으로 하는 보호주의, 그리고 다시 지역화되고 다양화되고 있는 생태 농업을 세워야 한다는 내용이 담겨 있다. 이것들은 불안정한 계약에 맞서 싸우고, 보호 차원의 실업 보험을 복원하고, 사유화를 철회해 나가고, 거래세를 도입하면서 삼십만 개 일자리를 창출할 것으로 기대되고 있다. 『공동의 미래』는 이러한 생태적 분기가 가진 민주적 특성을 강조하면서 다음과 같이 선언한다. '우리는 생태적이고 민주적인 목표에 따라 공화국을 다시 조직해야 한다. 생태주의 계획은 반드시 민주주의의 필수 수준인 코뮌commune에 기반해야 한다.'[6]

유럽 연합의 그린 뉴딜 같은 제안들과의 차이점은 이 프로젝트들이 금융 자본주의와의 대결 없이는 진정한 생태적

---

6. Jean-Luc Mélenchon, *L'avenir en commun* (Paris: Editions du Seuil, 2021), p. 45, author's translation.

전환은 발생할 수 없다는 것을 인식하고 있다는 것이다. 이 것은 전례 없는 금융화와 환경 오염 산업의 성장과 연동된 자본의 글로벌화가 특징인 지배적인 축적 체제와의 단절을 요구한다. 비록 생태적 전환이 취해야 할 형식에 대한 의견 불일치가 존재하지만, 화석 연료 산업을 종식시킬 투쟁은 일반적으로 가장 중요한 것으로 고려되고 있다. 화석 연료 산업은 지구 온난화와 해양 산성화를 야기하는 대부분의 온실가스 배출물의 원인이 되고 있다. 그뿐만 아니라 이 산업은 지역 사회에 심각한 환경 피해를 초래하고 있다.

화석 연료에 반대하는 싸움이 지구 온난화를 멈추기 위해 우선순위에 있지만, 이것만으로는 민주적 권리와 사회 정의를 보장하는 새로운 발전 모델을 제시할 수 있는 생태적 분기를 이루기에는 충분하지 않을 것이다. 최근 중국 정부가 발표한 늦어도 2060년까지는 탄소 중립에 도달하기 위한 계획에 나타난 것처럼, 이와 같은 목표는 권위주의적 모델과 완벽하게 양립 가능하다. 그리고 다양한 형태의 '녹색 자본주의'는 화석 연료를 개발하지 않고서 번영할 수 있는 방법을 찾을 수도 있다.

그린 뉴딜을 촉진하고 있는 자들은 문제의 중요도를 인식하고 있다.

"안정된 기후와 더 평등한 세상을 위해, 우리는 우리의 화석 연료에 기반한 생활방식을 파괴하고, 동시에 재생 가능한 에너지를 평등하게 분배하는 기반을 세워야 한다. 우리는 지구상에서 가장 강력한 산업을 아주 신속하게 해체해야 한다. 그렇지 않으면 우리가 이 산업을 대체하기 위해 세우는 것들이 중요하게 되지 않을 것이다. 이것은 화석 자본과 정면으로 부딪히는 것이다."[7]

또한 이들은 '급진적 녹색 뉴딜이 사회, 경제, 환경 정책 그리고 우선시되는 평등이 필연적으로 교차해 가는 방향으로 기울어지고 있다'고 말한다.[8]

이 제안들이 필수적이지만, 여러 차원에서 생태적 문제를 다루는 것을 목표로 하는 프로젝트는 마치 분기란 오직 생산 수준에서만 발생해야 했다는 것처럼 자본주의에 맞선

7. 위의 책, p. 31.
8. 위의 책, p. 19.

투쟁으로 제한될 수 없다. 역사가 디페시 차크라바티Dipesh Chakrabarty는 다음과 같이 주장한다.

"기후변화가 자본의 역사와 깊이 관련되어 있다는 것을 부정하지 않는 한, 오직 자본에 대한 비판뿐인 비판은, 일단 기후변화 위기가 인정되었고, 인류세Anthropocene가 우리의 현재 지평 위에서 불안을 동반하며 다가오기 시작한 상황에서, 인간 역사와 관련된 문제들을 다루는 데 충분하지 않다."[9]

인류세라는 용어는 1980년대에 고안되었으며, 이후 대기화학자 폴 크루첸Paul J. Crutzen에 의해 대중적으로 알려지게 되었다. 2000년에 크루첸은 이 용어를 인간이 지구의 기후를 형성하는 지배적인 힘이 된 새로운 지질학적 시대의 시작을 알리기 위해 사용했다. 그러나 이 용어의 시작과 주요 특징에 대한 의견 불일치가 존재한다. 어떤 사람들은 자본주의 발전과 연결된 시대를 가리키는 '자본세Capitalocene'나 현 환경 위기를 초래하는 과정에서 아메리카 대륙에서의 노예제와 플랜테이션 시스템의 중요한 의미를 고려하기 위

9. Dipesh Chakrabarty, 'The Climate of History: Four Theses', *Critical Inquiry* 35: 2, Winter 2009, p. 212.

해 '플랜테이션세Plantationocene'에 대해 말하기를 선호한다. 이 토론은 광범위하고 다양한 문헌의 생산으로 이어졌다.[10]

그럼에도 불구하고 여기에서 나는 정치 영역에서 중요하다고 생각하는 인류세와 관련된 연구들에서 얻은 통찰력에 나 자신을 제한할 것이다.

지구상에서 생명의 존재를 위태롭게 하는 새로운 기후 레짐과 함께 행성적 역사의 새로운 국면으로 우리가 들어왔다는 것을 인식하게 되면 폭넓은 결과가 그려질 수 있다. 인류세는 자연과 문화, 인간과 비인간의 관계에 대한 철학적이고 인류학적인 모든 쟁점을 세우고 있다. 우리가 자연의 일부라는 것을 받아들인다면, 우리는 비인간non-human을 향한 다른 태도를 채택하고 근대성의 몇 가지 기본 신조들에 도전해야 한다.[11]

10. 문헌을 잘 소개한 글은 다음과 같다.
    Christophe Bonneuil and Jean-Baptiste Fressoz, *The Shock of the Anthropocene: The Earth, History and Us* (London and New York: Verso, 2016).
11. 이러한 도전에 관한 최고의 토론은 다음에서 찾아진다.
    Pierre Charbonnier, *Affluence and Freedom: An Environmental History of Political Ideas* (Cambridge: Polity, 2021).

내가 2장에서 논의한 정치 영역에서 영향을 끼치는 계몽주의 철학자들이 옹호하는 합리주의 또한 인류세로 귀결된 자연을 지배하는 프로젝트에 대한 책임이 있다는 것에 주목할 수 있다. 정동과 자연 모두와 상관없는 진보를 가시화하려는 이들의 합리주의적 야망이 무한한 기술 발전 덕분에 자연을, 무한한 성장을 수행하기 위해, 무한한 자원으로 이해하는 근대 프로젝트의 기원에 존재한다.

이 야망에 대한 비판과 함께 우리가 근대 프로젝트 전체를 거부해야 한다고 주장하는 사람들이 있다. 그러나 나는 계몽주의의 민주주의 프로젝트와 합리주의적 인식론에 담긴 이 프로젝트 토대의 고리를 우리가 끊을 수 있는 것처럼 우리는 자연과 이 야망을 추구할 수 있게 한 자본주의적이고 식민주의적 사회경제 조건들을 지배하기 위한 프로메테우스적 야망으로부터 민주주의 이상을 구할 수 있어야 한다고 생각한다. 이것은 자연적이고 사회적인 모든 형태의 제약에서 벗어난 해방으로서 자유라는 구상을 속성으로 하는 특권화된 장소에 질문하고, 자유주의 담론의 헤게모니에 의해 퇴색된 평등의 중심 가치를 되찾는 과정에서, 민주주의를 전혀 다르게 이해할 것을 요구한다. 이 민주주의 프로젝트는 합리주의적 경향에서 벗어나도록 한 후 반드시 다시 정의되어야 한다. 또한 이 프로젝트는 비인간의 요구를 인정할 수 있는 여지를 만들어야 한다.

1985년에 『헤게모니와 사회주의 전략』에서 새로운 갈등의 출현에 대해 성찰하면서 에르네스토 라클라우와 나는 노동 계급의 요구와 '사회운동'의 요구를 연결하기 위한 논의를 펼쳤다.[12]

나아가 우리는 사회주의를 '민주주의의 급진화'로 구상할 것을 제안했다. 이것은 광범위한 사회적 관계로 민주주의 이상을 확장하는 것이다.

생태적 위기 속에서, 민주주의 급진화 프로젝트는 새로운 차원을 갖게 되었다. 20세기에 사회주의 프로젝트의 핵심은 성장의 열매에 대한 평등한 분배를 계획하면서 불평등에 대한 질문과 사회 정의를 위한 싸움이었다. 신사회운동

---

12. Ernesto Laclau and Chantal Mouffe, *Hegemony and Socialist Strategy: Towards a Radical Democratic Politics* (London: Verso, 1985).
   에르네스토 라클라우, 샹탈 무폐, 『헤게모니와 사회주의 전략: 급진 민주주의 정치를 향하여』, 이승원 역 (후마니타스, 2012).

의 투쟁들은 사회 정의에 대한 질문에 새로운 관점을 더했지만, 이 관점은 자율성과 자유에 집중했으며, 일부 생태주의 운동과는 거리를 두면서 근본적으로 성장의 본질을 투쟁의 대상으로 삼지는 않는다.

새로운 기후 레짐 상황에서 우리는 사회 정의를 위한 투쟁이 생산주의적이고 추출주의적인 모델에 대한 질문을 필요로 하는 국면에 들어오게 되었다. 성장은 더 이상 보호의 원천으로 고려되지 않으며 사회적 재생산의 물적 조건에 대한 위험 요소가 되었다. 사회의 존재를 위태롭게 하고, 그 파괴적 효과가 상대적으로 더 취약한 집단에게 더 심각하게 느껴지는 성장 모델의 종식 없이는 민주주의의 급진화를 구상하는 것은 더 이상 가능하지 않다.

새로운 기후 레짐을 다루는 것은 반신자유투쟁과 생태주의 투쟁의 접합을 필요로 한다. 민주주의 프로젝트는 생태적 비상사태의 관점에서 재편될 필요가 있으며, 이것은 생산 수준과 재생산 수준 모두에서 발생하는 투쟁을 포함한다. 즉 재생산은 인간 재생산만이 아니라 지구상에서의 삶의 총체성이라는 폭넓은 의미에서 이해되어야 한다. 따라서 자본주의에만 배타적으로 집중하는 비판은 충분하지 않고, 인류세를 고려하면서 보완되어야 한다.

내가 제시하는 또 다른 쟁점이 있다. 그린 뉴딜을 위한 제안들이 신자유주의와 이것이 기후에 미치는 악영향에 맞서 싸우는 데에 필요한 정책을 구상하는 데 필수적이라는 것을 파악하고 있지만, 나는 이 제안들이 그 자체로 생태적 분기를 실행하기 위한 집합 의지가 필요로 하는 공통 정동을 불러일으킬 능력을 가지고 있다고 생각하지는 않는다. 우리가 보아 온 것처럼 관념이 힘을 얻기 위해서는 관념은 정동과 만나야 한다. 정동을 일깨우기 위해서 관념은 코넬리우스 카스토리아디스Cornelius Castoriadis가 한 사회에 고유한 사회적 세계를 도입하는 '상상적 의미작용imaginary signification'이라고 부르는 것과 연결되어야 한다.[13]

많은 사회에서 사람들이 행동하도록 동기를 주는 것은 바로 의미 작용을 가능하게 하는 민주주의 상상계가 가진 정동적 힘인 것이다. 최근의 대중적인 동원들이 증명하듯

13. Cornelius Castoriadis, *World in Fragments: Writing on Politics, Society, Psychoanalysis, and Imagination* (Stanford: Stanford University Press, 1997), pp. 10-13.

이 민주주의 가치는 비록 신자유주의에 의해 그 가치가 떨어지긴 했지만, 여전히 민주적인 사회정치적 상상계에서 중요한 역할을 하고 있다. 이 상상계는 여러 담론적 실천의 효과를 통해 변환되는 모든 사회적 의미작용들에 의해 구성된다. 그 결절점 중 하나는 '민주주의'라는 기표이지만, 이것은 그 의미가 단지 부분적으로만 고정된 떠다니는 기표이며 서로 다른 접합 유형에 따라 다양해진다. 19세기 사회주의의 영향 아래에서 민주주의 상상계는 사회적 요구의 결합으로 깊이 변환되었다. 그리고 새로운 기후 레짐과 함께 이제 우리는 민주주의 이상들이 새로운 형태로 접합되고 있는 것을 목격하고 있다. 예를 들어 '권리'의 의미를 새롭게 다루기 위한 여러 제안이 제시되었고, 권리를 강이나 숲과 같은 비인간 독립체의 속성으로 부여하기 위한 여러 기획이 많은 나라에서 나타났다. 2017년에는 세 나라가 강에 대해 권리와 법적 지위를 부여했다. 콜롬비아는 아트라토강, 뉴질랜드는 왕가누이강 그리고 인도는 갠지스강과 야무나강에 법적 지위를 부여했다.[14]

---

14. María Ximena González Serrano, 'Blog Series *"Nature and Its Rights"*: *Young Researcher's Seminar* April 2020', river-ercproject.eu.

필수적인 생태적 분기를 발생할 수 있으려면, 반신자유주 투쟁과 생태주의 투쟁의 접합은 그 접합이 '대중'의 구성으로 이어질 수 있는 정치생태적 자연에 대한 정동을 동원해야 한다. 내가 반복해서 명확하게 해 온 것처럼 '대중'은 사회학적 범주가 아니라, 상징적이고 리비도적인 차원에 있는 담론적 구성물이다. 대중은 접합 원리, 즉 다양한 민주주의 요구를 연합하는 과정에 존재하며 대중이라는 구성물은 공통 정동이 그 주변에서 확고해지는 '헤게모니 기표'가 반드시 필요하다. 이 헤게모니 기표로 인해 이질적인 요구들이 공통의 목표가 가진 차이점에도 불구하고, 이 목표를 향해 행동하는 '우리' 안에서 합쳐지도록 등가 사슬A chain of equivalence이 이 이질적인 요구들 사이에서 수립될 수 있다.

이러한 대중을 형성하기 위해 정치적이고 생태적인 정동을 활성화할 수 있는 헤게모니 기표는 무엇인가? 나는 민주주의 원리들을 다시 정의하고 이 원리들을 새롭고 다양한 사회적 관계 분야로 확장하는 민주주의 급진화 과정의 새로운 전선인 '녹색 민주주의 혁명'이라는 측면에서 그린 뉴딜이 옹호하는 생태적 분기를 구상할 것을 제안한다. 이런 방식으로 이해되는 가운데, 녹색 민주주의 혁명은 민주주의 상상계를 재활성화하고 풍부하게 하면서 등가 사슬을 형성하는 데 필요한 헤게모니 기표를 찾아낼 것이다. 헤게모니 기표는 조지 소렐Georges Sorel이 의미하는 '신화myth'의 역할을 한다. 신화는 미래가 현재에 새로운 형상을 제공한다는 것을 예측하는 권력을 가지고 있다. 신화는 대립하는 신자유주의 담론보다 더 강력하고 더 믿을 수 있으며, 사회적 다수를 형성할 수 있는 추동력을 제공할 수 있는 정동을 전달하는 서사이다.

지구 그리고 이 지구가 거주 가능한 곳이 되도록 하는 조건을 존속시키는 것은 이질적인 요구들에 기초한 다양한 운동뿐만 아니라, 수많은 대중을 염두에 두는 목표이다. 사회경제적 쟁점을 둘러싸고 조직화된 노동조합 및 집단들과 함께 우리는 다양한 페미니즘, 인종차별 반대, 반식민주의, LGBTQ+와 같은 다양한 투쟁들에 대중이 참여하고 있음을 알고 있다. 평범한 환경에서 이들은 일반적으로 자기 자신들의 이해관계를 추구하고자 하지만, 심각한 생태 위기 관점에서 이들은 기후 비상사태의 원인이 되는 세력에 맞서면서 권위주의적 해결책의 출현을 막기 위해 단결할 필요가 있다는 것을 깨달아갈 것이다. 이들의 모든 요구는 서로 다른 방식에도 불구하고 민주적 요구들이며, 이들이 독재에 대한 반대를 공유하고 있다는 것을 고려한다면, 이들은 녹색 민주주의 혁명이 제시하는 비전과 동일화될 수 있다. 녹색 민주주의 혁명은 다양한 집단을 교차하는 강력한 정동을 불러일으키고, 평등을 위하고 여러 억압에 맞서 싸우면서도 안보와 보호를 요청하는 사람들의 요구로 가득 채워질 수 있는 프로젝트이다.

이러한 동일화가 발생하기 위해서 참여자들이 동일한 세계관을 공유해야 할 필요가 없으며, 이들은 서로 다른 종교적 또는 철학적 확신을 가질 수 있다. 환경에 대한 이들의 고려지점은 서로 다른 원천에서 나올 수 있으며 다양한 접근법을 따를 수 있지만, 이 차이가 극복할 수 없는 장애물을 만들어서는 안 된다. 참여하는 이들이 완전하게 짜여진 정치 프로그램에 동의할 필요는 없다. 누군가는 '생태 사회주의' 측면에서 자신들의 목표를 정의할 것이고, 또 다른 누군가는 '시민 혁명'이라는 측면에서 생각하기를 선호할 것이다.[15] 이들이 공유하는 것은 공통의 대적자이며, 수많은 경합

---

15. 생태사회주의 전망에 대한 적절한 옹호에 대해서는 다음을 보라.
    Paul Magnette, *La vie large* (Paris: La Découverte, 2022).

적 공적 공간에서 자신들의 구체적인 투쟁을 추구하려는 기회를 제공하는 민주주의 사회의 미래를 지키기 위해 거주할 수 있는 지구를 유지하려는 의지이다.

녹색 민주주의 혁명을 옹호함으로써 나는 현재 좌파 포퓰리즘 전략이 구상되어야 하는 것에 대한 내 생각을 기술해왔다. 나는 이러한 전략이 지구의 거주 가능성을 지켜내면서 여러 지배, 착취, 차별에 맞선 수많은 민주주의 투쟁을 접합하는 일에 가장 적절하다고 주장한다. 좌파 포퓰리즘의 강점은 정치의 당파적 특성 그리고 정치적 경계를 그려내는 방식으로 '우리'를 구성하는 과정에서 공통 정동을 동원하는 것의 중요성을 인정하는 데 있다.

녹색 민주주의 혁명은 실제 생태적 분기를 유발하기 위해 이것을 막으려는 강력한 경제 세력과 정면으로 부딪히고, 신자유주의 질서와 단절하는 것이 반드시 필요하다. 그러나 또한 이것은 이 분기의 민주적 특성을 강조하고, 에릭 올린 라이트Erik Olin Wright가 '자본주의 침식eroding capitalism'

이라고 정의하는 전략에 따라 이 파열을 가시화한다.[16] 목표
는 자본주의를 '박살 내는' 것이 아니라, 앙드레 고르가 '비개
혁주의적' 개혁이라 부르는 일련의 것들을 수행하고, 평등주
의적 관계들을 실현하는 경제활동을 촉진하는 협동조합적
이고 아래로부터의 시민사회 중심 기획과 같은 대안적 제도
들을 발전시키면서 자본주의를 대체하는 것이다.

국가는 녹색 민주주의 혁명에서 중요한 행위자가 되어
야 한다. 왜냐하면 많은 경제학자가 인정하듯이 생태주의적
계획 없이는 재생할 수 있는 에너지로의 필수 전환을 실현
하는 것이 가능하지 않을 것이기 때문이다. 생태적 분기가
필요로 하는 깊이 있는 변환이 사회운동만으로 가능할 것이
라고 상상하는 것은 착각이다. 활동가들과 생태주의 집단들
은 중요한 역할을 하고 있지만, 선거에서 승리하고 국가 권
력에 도달하지 않고서는 화석 자본 권력에 성공적으로 맞서
기 위한 조건을 창출하는 것은 가능하지 않다. 국가 수준에
서 취하는 결정에 영향을 행사하기 위해서는 정치적으로 조
직화되어야 한다. 다양한 생태주의 투쟁에 참여하는 모든

16. Erik Olin Wright, *How to Be an Anti-capitalist in the Twenty-First Century*
(London and New York: Verso, 2019).

사람은 선거 정치를 회피한다면 결정적인 진전을 만들 수 없을 것이라는 것을 알아야 한다.

나는 필수적인 생태적 분기로서 녹색 민주주의 혁명을 구상하게 되면 사회, 경제 및 기후위기가 만들어 내는 취약성의 감각을 이용하려는 시도와 권위주의적 안보 및 보호를 촉진하기 위해 이 감각이 불러일으킨 정동을 좌파가 성공적으로 무너뜨리는 전략을 찾을 수 있다고 믿는다. 이 요구는 진보적인 방식으로 접합될 수 있으며, 이것을 간과하는 것은 심각한 실수가 될 것이다. 신자유주의가 권위주의적 목적을 위해 이 요구를 되찾으려 하는 바로 지금, 파올로 게르바우도Paolo Gerbaudo가 '보호주의protectivism'라고 부르는 것과 같은 연장선에 있는 것으로 생각하면서 보호 관념을 지구의 거주 가능성에 대한 방어와 접합함으로써 이러한 움직임을 막는 것이 반드시 필요하다. 게르바우도는 보호주의를 다음과 같이 정의한다. '보호주의는 사회복지, 노동자 대표성, 환경 보호 및 기타 여러 사회 지원 메커니즘과 같은 매우 다양한 정책을 에워싸고 있다.'[17] 녹색 민주주의 혁명은 안보

17. Paolo Gerbaudo, *The Great Recoil: Politics after Populism and Pandemic* (London: Verso, 2021), p. 112.

와 보호를 공세적 민족주의로 후퇴시키고, 알고리즘 방식의 통치성을 수동적으로 받아들이는 대신, 사회 및 그 존재를 위한 물적 조건을 지키고, 사람들에게 권한을 부여하는 방식으로 안보와 보호를 제공할 것을 목표로 한다.

이러한 프로젝트는 폭넓고 다양한 민주주의 요구들과 연합할 수 있다. 왜냐하면 이것은 사회 정의를 제공하고 연대를 조성하면서 새로운 기후 레짐의 도전을 다루기 때문이다. 민주주의 상상계에 중심을 둔 정념을 활성화하기 위해서는 사람들이 자유와 평등이라는 민주주의 원칙들이 다시 정의되고 인간과 비인간이 함께 하는 새로운 영역으로 확장되는 사회를 위한 조건을 세운다는 목적을 가진 정치에 참여하도록 동기를 부여해야 한다. 나는 좌파 포퓰리즘 전략이 이 방식으로 이해될 때, 그 어느 때보다 더욱 적절한 전략이 될 것이라고 주장한다.

후기

　이 책은 우크라이나에서 전쟁이 발발했을 때 막 완성되었다. 현시점에서 이 전쟁의 파급효과를 평가하는 것은 어려운 일이다. 비록 영토적으로 지역화되어 있지만, 러시아의 침공은 전 지구적으로 영향을 끼치고 있으며 이미 많은 영역에서 심대한 영향을 주고 있다. 우리는 새로운 도전에 직면할 수밖에 없게 되면서, 갑작스럽게 상이한 국면에서 우리 자신을 발견하게 된다. 팬데믹이 초래한 경제 사회적 위기와 연결된 도전에, 그리고 나의 분석 대상이었던 생태적 비상사태와 함께, 그 효과가 아마도 엄청날 현재의 지정학적 도전들이 존재한다.

　우리는 이미 전쟁이 최근 기후변화에 관한 정부 간 협의체IPCC: Intergovernmental Panel on Climate Change 보고서의 발간 사실을 덮어버렸다는 것과 지구 온난화에 맞선 싸움에 의미

심장한 퇴행의 위험이 존재한다는 것을 알 수 있다. 현재로 서는 많은 정부가 에너지 정책을 재고려하고 있으며, 몇몇은 이미 자신들이 온실가스 감축을 위해 해온 책무를 의문시하고 있다. 상황을 이용하기 위해 화석 연료 산업은 이 산업의 팽창을 통제하려는 조치를 막기 위한 공세를 취하느라 바쁘게 지내고 있다. 러시아 화석 연료에 대한 의존에서 벗어나려는 노력은 액화 천연가스에 필요한 기반 시설에 대한 과도한 투자로 이어지기도 했는데, 액화 천연가스는 파이프라인을 통해 운송되는 가스보다 훨씬 더 많은 탄소 발자국을 만들어 낸다. 또한 우리는 에너지 전환을 위해 필요한 투자를 줄이면서 엄청나게 증가하는 군사 비용을 예상해야 한다.

이것은 민주주의의 급진화를 위한 싸움에서 결정적인 계기이다. 새로운 차원이 현재 시간을 벌려는 신자유주의 세력에 의해 착취당하고 있는 안보와 보호를 위한 요구에 더해지고 있다. 실제로 에너지 의존성의 위기에 대한 인식은 신자유주의 세력을 위할 수도 있고 이들의 권력을 강화할 수도 있었다. 그러나 러시아 가스에 대한 의존성에서 벗어날 필요가 있다는 것은 재생 가능한 에너지를 향한 운동을 가속하는 것이 중요하다는 신호로 보일 수 있었다. 좌파는 이 기회를 반드시 잡아야 한다. 격렬한 위기의 계기에서는 선명하게 확정된 대안 중에서 선택할 기회가 제공된다. 미래는 대중이 상황을 인식하는 방식 그리고 생태적 분기 과정을 더욱 빨라지게 할 필요성을 대중에게 설득하는 가능성에 달려있을 것이다. 이것은 녹색 민주주의 혁명 프로젝트를 중심으로 사회 투쟁과 생태주의 투쟁을 접합하는 좌파 포퓰리즘 전략을 전개하는 방식으로 행해져야 한다.

우크라이나에서의 전쟁 그리고 이 전쟁이 발생시킨 광범위한 반발은 정치에 대한 합리주의적 접근법이 부적당하다는 반박을 구성한다. 확실히 이 전쟁은 정동이 수행할 수 있는 위험한 역할을 전면에 가져다 놓았으나, 또한 이 전쟁은 이 정동이 더욱 민주적인 사회의 구성에 어떻게 기여할 수 있는지를 드러내기도 한다. 이것이 바로 정동이 수행하는 부분과 이 정동을 진보적 방향에서 동원하는 것의 중요성을 이해하는 것이 정치에서 결정적인 이유이다.

감사의 말

이 책의 여러 부분에서 도움이 되는 제안을 해준 레트리시아 세브세이, 야니스 스타브라카키스 그리고 에르나 폰 더 발데에게 감사의 마음을 전한다.

또한 책을 편집한 버소 출판사의 편집자 레오 홀리스에게도 감사의 뜻을 표하고자 한다.

옮긴이의 말

　『녹색 민주주의 혁명을 향하여-좌파 포퓰리즘과 정동의 힘』의 저자 샹탈 무페는 1943년 벨기에 샤를루아에서 태어났으며 벨기에 루뱅, 프랑스 파리, 영국 에식스대학교에서 정치철학을 공부한 후 포스트 마르크스주의와 급진 민주주의 정치사상가로서 현재 영국 웨스트민스터대학교 민주주의 연구소와 근현대문화연구소 교수로 재직 중이다. 무페의 사상적 배경에는 이탈리아 혁명가이자 마르크스주의 이론가였던 안토니오 그람시의 정치사상이 있다. 무페는 특히 그람시의 헤게모니론에 대한 반본질주의적 재해석을 통해서 경제결정론과 계급 환원론에 빠져 능동적이고 확장적인 정치를 전개하지 못한 채 대중의 자발적 정치 활동과 점점 멀어져 가는 일부 마르크스 이론과 좌파 운동을 비판하면서, 포스트 마르크스주의를 토대로 하는 급진 민주주의 정치 전략을 제시한다. 이러한 무페의 이론적 발전 과정에는 그녀의 영원한 동반자인 에르네스토 라클라우가 있었다는 것은 잘 알려진 사실이다. 1970년대 초 에식스대학에서 만난 이들은 1985년에 『헤게모니와 사회주의 전략』을 공동 집필했으며, 이 책은 출간과 함께 전 세계 마르크스 이론과 진보적 사회운동 진영에 피할 수 없는 논쟁을 불러일으켰다. 이들은 전통적 계급 운동의 정치 전략적 한계와 자유 민주주의 이데올로기의 보수적 통치 전략에 대한 비판적 분석과 함께, 기존 마르크스주의 운동의 이론적 한계를 '넘어서post'면서 동시에 마르크스주의의 철학과 전망을 '계승하고자Marxism', 포스트 마르크스주의Post-Marxism를 주창하고 그 실천적 전략으로서 급진 민주주의 정치를 제시한다.

특히 무페는 근대 합리주의에 기반한 서구 자유 민주주의 사상에 대한 비판적 성찰 속에서 정치적 경계 및 '대중'이라는 집단적 정체성의 헤게모니적 재구성과 경합적 다원주의에 기반한 급진 민주주의 정치이론을 펼치고 있다. 라클라우 사후, 무페는 2008년 글로벌 금융위기와 이에 대한 포퓰리즘에 기반한 새로운 좌우 정치 현상의 출현을 분석하면서, 『좌파 포퓰리즘을 위하여』에서 좌파 정치 세력이 신자유주의 우파 포퓰리즘 공세에 맞서 급진 민주주의를 확장하는 좌파 포퓰리즘 전략을 시급히 펼쳐 나갈 것을 주창했다.

『녹색 민주주의 혁명을 향하여』에서 무페가 주요한 정치적 개념으로 강조하는 '정동affect'은 이미『좌파 포퓰리즘을 위하여』에서도 중요하게 다뤄졌다. 무페에게 정동은 다양한 이해관계로 나눠진 대중이 하나의 집단적이고 정치적 동일성 안에서 구성되고, 정치적 리더십과 대중이 연결되는 중요한 힘으로 이해되고 있다. 이번에 출간된 책에서 무페는 이 정동을 본격적으로 정치/정치학의 주요 개념으로 발전시킨다. 무페의 입장에서 보면 신자유주의의 신권위주의 정치 세력은 이 정동에 기반한 정치를 효과적으로 펼치면서, 지난 40여 년간 글로벌 정치를 지배하고 대중 스스로 이 통치방식에 최적화해 나가는 헤게모니 전략을 성공적으로 전개해왔다. 하지만 자본주의 축적 위기가 드러나는 연이은 글로벌 경제 위기 그리고 이것의 극단적인 징후인 코로나19 팬데믹과 기후 재난 현상은 신자유주의가 제시하는 환상을 근본적으로 흔들고 있다. 그러나 신자유주의 통치방식의 위기가 그동안 침체되어온 좌파 정치의 재활성화로 자연스레 이어지는 것은 아니다. 왜냐하면 좌파 정치의 위기는 단지 신자유주의 세력의 성공적인 헤게모니 통치 전략의 효과만

이 아니라 '합리주의'에 갇혀 대중과 공감되지 못하는 좌파 정치의 내적 한계로부터 발생하기 때문이다. 따라서 정동 정치에 기반한 좌파 포퓰리즘을 적극적으로 펼치지 않는다면, 오히려 위기에 처한 신자유주의 정치 세력에게 반동의 기회를 제공할 수도 있다.

무페는 이러한 정동 정치와 좌파 포퓰리즘이 가장 강력하면서 가장 대중적으로 널리 확산할 수 있는 공통의 정치 현상으로 코로나19 팬데믹과 함께 전 인류가 동시에 체감하는 비상사태로서의 기후 재난 상황(위기)에 주목하고 있다. 무페는 이 팬데믹과 기후위기, 생태적 재앙의 근원에는 금융 자본주의 경제 시스템이 연결되어 있으며, '녹색 민주주의 혁명'을 중심으로 생태주의 투쟁과 반신자유주의 투쟁의 접합을 통해서 대중의 민주주의를 급진적으로 확장할 것을 주장한다. 이 녹색 민주주의 혁명 전략을 위해 무페는 팬데믹 시기 '안보와 보호' 담론이 신자유주의 세력들이 민족주의와 알고리즘 방식의 신권위주의적 통치방식으로 대중의 자유와 민주주의를 억제하기 위해 동원된 것을 비판적으로 분석한다. 이어서 무페는 이 '안보와 보호' 담론을 대중에게 권한을 부여하면서 우리가 살아가는 사회에 필요한 물적 조건을 지키고, 사회를 민주적으로 지속해나가는 차원으로 재구성해야만 한다고 주장한다. 또한 무페는 이 정동에 기반한 좌파 포퓰리즘 전략으로서의 녹색 민주주의 혁명을 통해서, 폭넓고 다양한 민주주의 요구를 연대와 사회 정의 차원에서 연합하고, 새로운 기후 레짐을 형성하고자 하는 정치적 목표의 실현 가능성을 기대한다.

무페는 이 책을 코로나19 팬데믹이 전 세계에 창궐한 시기에 집필했다. 역자는 이 책의 주장이 가진 정치적 의미의 중요성과 시급성에 공감하면서, 영어판 출간에 맞춰 (혹은 가능하다면 그보다 빨리) 국역본이 출간되어 독자들에게 전해지기를 바라는 마음으로 번역에 임했다. 서구 정치학자의 얇은 책 한 권을 번역해서 출간하는 일이 무슨 큰 의미가 있을지는 모르겠지만, 코로나 팬데믹과 러시아의 우크라이나 침공 이후의 현 인류가 겪는 공통 경험에서 알 수 있듯이, 적어도 이 책은 우리가 겪는 고통, 두려움 그리고 이에 대한 어떤 근본적인 해결책은 특정한 지역이나 사회·경제·문화적 특수성을 넘어서 인류 공통의 경험이자 과제임을 보여주고 있다. 즉, 이 책은 오늘날 정치란 전통적인 울타리 안에 고립된 것이 아니라, 전 지구적 차원에서 끊임없이 해석하고 협력해야 하는 인류 공통의 실천임을 알도록 안내하고 있다. '녹색 민주주의 혁명'은 오늘날 기후위기의 심각성과 이에 대한 정치적 대응의 시급성을 일깨우면서 동시에, 이에 대한 대응이 곧 좌파는 물론 민주주의 정치의 회복임을 말하고 있다.

홀륭한 저자의 글임에도 불구하고 국역본 독자들에게 저자의 주장이 제대로 전해지지 않는다면, 그 첫 번째 책임은 역자에게 있을 것이며, 독자들과의 지속적인 소통을 통해서 이 책의 본의가 독자와 한국 사회에 잘 전해질 수 있도록 노력을 이어가겠다. 『좌파 포퓰리즘을 위하여』에 이어 이 책에 대한 번역의 기회를 제공해 주신 문학세계사 편집진 그리고 번역에 집중할 수 있는 지원을 아끼지 않은 교육부와 한국연구재단 그리고 무엇보다 서울대학교 아시아도시사회센터 일원 모두에게 진심으로 감사의 뜻을 전한다.

2022년 겨울

이 승 원

녹색 민주주의 혁명을 향하여
-좌파 포퓰리즘과 정동의 힘

초판 1쇄 발행 2022년 12월 1일

지은이 샹탈 무페
옮긴이 이승원
펴낸이 김종해

펴낸곳 문학세계사
주소 서울시 마포구 신수로 59-1, 2층
전화 02-702-1800
팩스 02-702-0084
이메일 mail@msp21.co.kr
홈페이지 www.msp21.co.kr
페이스북 www.facebook.com/munsebooks
출판등록 제21-108호(1979. 5. 16)

값 15,000원
ISBN 978-89-7075-165-8 03330

이 번역서는 2021년 대한민국 교육부와 한국연구재단의 지원을 받아 수행된
연구입니다.(NRF-2021S1A5C2A03088606)